ファンを
はぐくみ
事業を成長
させる

「コミュニティ」づくりの教科書

河原あず
コミュニティ・アクセラレーター

藤田祐司
Peatix Japan

ダイヤモンド社

はじめに

「人のつながり、コミュニティの意義を理解し
生かせる者が、ビジネスを制し、社会を豊かにする」

これは私、藤田祐司が2011年に仲間と立ち上げたイベントコミュニティのプラットフォームサービス「Peatix（ピーティックス）」で創業時から大切にしているメッセージです。創業から9年余りがたち、事業は着実に成長しましたが、この間に厳しい局面に立たされることは一度や二度ではありませんでした。その度にこのメッセージを思い出し、自分を、そして仲間を奮い立たせてきました。

そして、今ほどこのメッセージの重みを実感することはありません。

新型コロナウイルスは、瞬く間に世界中に広がり、私たちの生活を一変させました。多くの都市が封鎖され、企業活動は停滞し、人類は未曽有《みぞう》の景気後退を経験しています。

日本も例外ではありません。飲食業や観光業はもちろんのこと、日本経済の屋台骨を支

える製造業など、幅広い産業が大きな打撃を受けています。

この原稿を執筆している2020年4月時点では、日本でも初の緊急事態宣言が発令され、多くの日本人が新型コロナウイルスとの長期戦を覚悟するようになりました。


私たちの会社も、この脅威と無縁ではいられませんでした。

Peatixは創業以来、「より魅力的なコミュニティを構築できるように、コミュニティ運営者を支援する」という価値観を大切にしてきました。2011年にサービスを開始してから、コミュニティやイベントの主催者や企業の担当者を、集客や決済など多面的にサポートし、Peatixで取り扱うイベント数は急速に増えていきました。

Peatixを利用してイベントに参加する人は月間20万人以上。日本最大級のイベントプラットフォームになりました。今では常時7000件を超えるイベントが掲載され、その数はこの8年間で実に200倍以上に増えました。登録会員は450万人以上に達し、現在ではシンガポールやマレーシアなどのアジア諸国を中心に、27カ国で事業を展開しています。

ところが、新型コロナウイルスの感染拡大によって、人々は物理的に集まることが難しくなりました。

2020年3月、日本国内で予定されていたイベントはほぼ延期か中止になりました。

そして3月のPeatixのイベント公開数は、これまでの半分程度に落ち込んだのです。


このまま、イベント事業、ひいては私たちの業界はダメになってしまうのか――。


当初はそんな悲観論もありました。

しかし状況はまったく違いました。むしろこんな状況だからこそ、Peaitxが大切にし、はぐくんできた価値観が真価を発揮し始めたのです。

それが、冒頭に触れた「コミュニティ」の力です。

これからの時代、コミュニティが不可欠になる

Peatixは、イベントプラットフォームを提供しながら、同時に私たちのサービスを利用する企業や団体のイベント担当者とつながることを大切にしてきました。

例えば、イベントを企画する担当者を集めて定期的な勉強会を開催したり、交流の場を

つくったりして、Peatixを使ってくれるファンのコミュニティをつくり上げてきました。

その結果、Peatixのコミュニティの中には、私たちが困ったときに手を差し伸べてくれる仲間が多数存在します。そして今回も、この仲間たちが厳しい局面を救ってくれました。

Peatixを活用する多くのイベント担当者は、物理的に人が集まるイベントは難しいと判断すると、一気に企画をオンラインでの開催へ切り替えていきました。ウェブ会議サービスなどを駆使して新たな交流の場をつくりだしたのです。

当初はネット環境や音声、画質が悪いなど、失敗もたくさんありましたが、イベント担当者がコミュニティ内で情報を共有することで、急速にオンラインイベントの質は上がっていきました。

「オンラインでの上手な進行方法」「オンラインの盛り上げ方」……。コミュニティの中で、それぞれが自分たちのノウハウを伝え、互いに学び合っていったのです。

4月に入ると、オンラインイベントは急増し、Peatixのイベント全体の9割以上を占めるようになりました。多くの人が以前と変わらず、私たちのプラットフォームをイベントの集客などに活用してくれています。

コミュニティの真価は、苦境に直面したときにこそ発揮される。

そう実感しているのは、私だけではありません。外出自粛によって大きな影響を受けた飲食店の中にも、なじみの常連客、つまりコミュニティが結束して支援しようという動きが起こっています。

苦しい状況だからこそ支え合う。コツコツとコミュニティづくりを続けてきた企業が今、そのコミュニティに救われているのです。

では、そんなコミュニティをどうつくればいいのでしょうか。

これが本書のテーマです。

ビジネスで高まるコミュニティの重要性

ここ数年で、ビジネスにおけるコミュニティづくりが大きな盛り上がりを見せるようになりました。企業向け、消費者向けを問わず、顧客とコミュニケーションを取る機会を増やし、結びつきを強める目的でコミュニティをつくる企業が増えたのです。

自社の製品やサービスのファンを増やし、価格や機能以上の付加価値を提供する。そんなコミュニティをはぐくむために、最近ではオフィスフロアの一角に「コワーキングスペース」や「共創スペース」などと呼ばれる「コミュニティの場」を新設する企業も増えています。

ただし、コミュニティが盛り上がる一方で、現場で働く私たちの元には、次のような相談が寄せられるようになりました。

いわく、「どうやってコミュニティをつくればいいのか」「イベントを成功させるコツは」「コミュニティを盛り上げるには」……。

ある日突然、上司から「コミュニティをつくってほしい」と依頼され、途方に暮れるビジネスパーソンも少なくありません。

コミュニティにまつわる、あらゆる悩みに応えたい——。

本書の共著者である河原あずさんと出会い、その思いは一層、高まっていきました。

あずさんは2008年からイベントハウス型飲食店「東京カルチャーカルチャー」に所属し、コミュニティ・アクセラレーターとして数多くのイベントをプロデュースしていました。これまでに手掛けたイベントは350本以上。2013年からおよそ3年間、アメリカのサンフランシスコに駐在し、日本以外のコミュニティのムーブメントにも精通しています。

最近では、飲料メーカーの伊藤園やサントリー、文具メーカーのコクヨ、機器メーカーのオムロン、東急など、幅広い企業とタッグを組んだイベントも企画しています。

彼と一緒にコミュニティづくりの仕事をするようになったのは、2016年のこと。東京・渋谷のキーパーソン25人を登壇者として集めた「コミュコレ！」など、さまざまなイベントを一緒に手掛け、コミュニティを運営し、意気投合するようになりました。

未来のコミュニティのあり方について語り合う中で、より多くの人がコミュニティを運営できるようになる必要があると考えるようになりました。

そのためには、ビジネスにおけるコミュニティのつくり方を分かりやすく説明した教科書が不可欠です。誰もがコミュニティをつくれるよう、これまで2人が数百回にわたるイベントとコミュニティづくりで蓄積したノウハウを、本書にすべて詰め込みました。

誰でもコミュニティがつくれるように

1章は、コミュニティの立ち上げ方を3つのステップで説明します。

2章は、コミュニティ活動の中でイベントを開催することになったら、具体的にどう企画すべきか、集客や開催の方法などを時系列に沿ってまとめています。

3章は、イベント当日に盛り上げる方法を詰め込んでいます。対面式のリアルイベントとは別に、新型コロナウイルスの感染拡大を受けて急速に増えるオンラインイベントのノウハウも紹介しています。

4章は、コミュニティ活動を続ける方法についてまとめています。コミュニティを運営しているといろいろな危機に直面します。マンネリ化を避け、災害などの不測の事態にどう対処するのか。会社の都合でコミュニティ活動を続けられなくなった場合の閉じ方についても踏み込んで説明しています。

5章は、コミュニティ運営で多くのビジネスパーソンが直面する効果測定について解説しています。コミュニティ活動の「ＫＰＩ（重要業績評価指標）」をどう設定し、事業への貢献をいかに測定するのか。一般的に、コミュニティ運営は「手間がかかる割に成果を数値化するのが難しい」といわれます。その解決策について、私たちの考えをまとめました。

6章は、コミュニティ運営を担う「コミュニティマネージャー」の仕事について説明しています。仕事の定義や求められるスキルにも触れています。

7章は、コミュニティづくりに求められる価値観について解説しています。不確実性の高いこれからの時代、ビジネスパーソンに必須となるマインドセットを、コミュニティ運営を通して養うことができます。ビジョンを掲げ、人を集めて、大きなうねりを生み出す思考法を、私たちは「コミュニティ思考」と名付けました。

人のつながりがより重要になる時代において、あらゆるビジネスパーソンにとって欠かせないマインドセット、それが「コミュニティ思考」なのです。

本書は、次のような読者を想定しています。

- 企業でコミュニティづくりやイベント運営、コンテンツ配信などを任された人
- 消費者との関係構築が必要なマーケティングやブランディングの担当者
- 顧客同士をつなげるようなコミュニティづくりを任された営業担当者
- 新規事業の開発担当者

・地方自治体で地域の活性化やイベント企画、町おこし、企業誘致に関わる担当者
・アルムナイ（同窓会）からＰＴＡまで、日常生活でコミュニティ運営に関わる人

コミュニティづくりを初めて任された人は、まず1章から4章までお読みください。順に読み進めることで、初心者でもゼロからコミュニティを立ち上げ、運営し、オンラインを含めたイベントを開催できるように設計しています。

ただ、あらかじめ断っておくと、コミュニティの立ち上げ方や運営方法には正解があるわけではありません。本書で紹介するのは、私たちが手探りで編み出した方法論の一つにすぎないのです。

大切なのは、自分で試行錯誤すること。
そして、コミュニティづくりを体験しながら、同じようにコミュニティづくりに関わる仲間と情報交換していくことです。

人とのつながりが最も価値のある時代に

新型コロナウイルスの拡大はコミュニティの形を一変させました。日常生活ががらりと変わり、人との交流は抑制され、活動量はぐんと減りました。日々、自宅で過ごす中で、私たちは改めて誰かとつながることの大切さを実感しています。他者の存在があるからこそ、私たちは「自分らしさ」を持つことができます。人とつながることは、人類にとって生きることそのものです。だからこそ、危機に直面するほど私たちはコミュニティの重要性を強く感じるのです。

今は、多くのイベントがオンラインに移行しています。逆説的なようですが、そこから垣間見えるのは、実際に誰かと会うことに対する人々の強烈な情熱です。ディスプレイを通してオンラインでコミュニケーションを重ねれば重ねるほど、私たちは直接会いたくなる。視覚と聴覚だけでなく、全身で他者の存在を感じたくなるのです。新型コロナウイルスの危機を経て、コミュニティの形は日々進化しています。しかし、人々をつなぎ、その集団を豊かにするというコミュニティの本質は、決して変わることはありません。

この価値を理解し、実際にコミュニティを立ち上げ、運営できるコミュニティマネージャーを一人でも多く増やしたい。

それが、不透明な時代で生き抜くカギになると、私たちは信じています。

本書がビジネスや社会をより前向きに進める一助となれば、これほどうれしいことはありません。

それでは、始めましょう！

２０２０年初夏

藤田祐司

目次

3 イベントの盛り上げ方

1

ビジネス
コミュニティを
立ち上げる

コミュニティって何だろう——。

みなさんは、コミュニティがどういうものか説明できますか。

「人の集まり」「交流の場」「参加者に共通の関心事がある」……。そんな答えが頭に浮かんだ人は、イイ線をいっています。

町内会の集まりや趣味のサークル活動、音楽アーティストのファンクラブなど、コミュニティには、人の集合体という要素が不可欠です。ただし、単に人が集まっていれば何でもコミュニティになるというわけでもありません。

例えば、社内の会議や株主総会、有名アーティストのライブやスポーツ観戦も人の集まりですが、それはコミュニティなのだろうかと疑問を抱く人も多いはずです。

ではコミュニティとは一体、何なのでしょうか。

コミュニティに必須の2つの要素

本書では、コミュニティを人の集まりであることに加えて、次の要素が備わったものだ

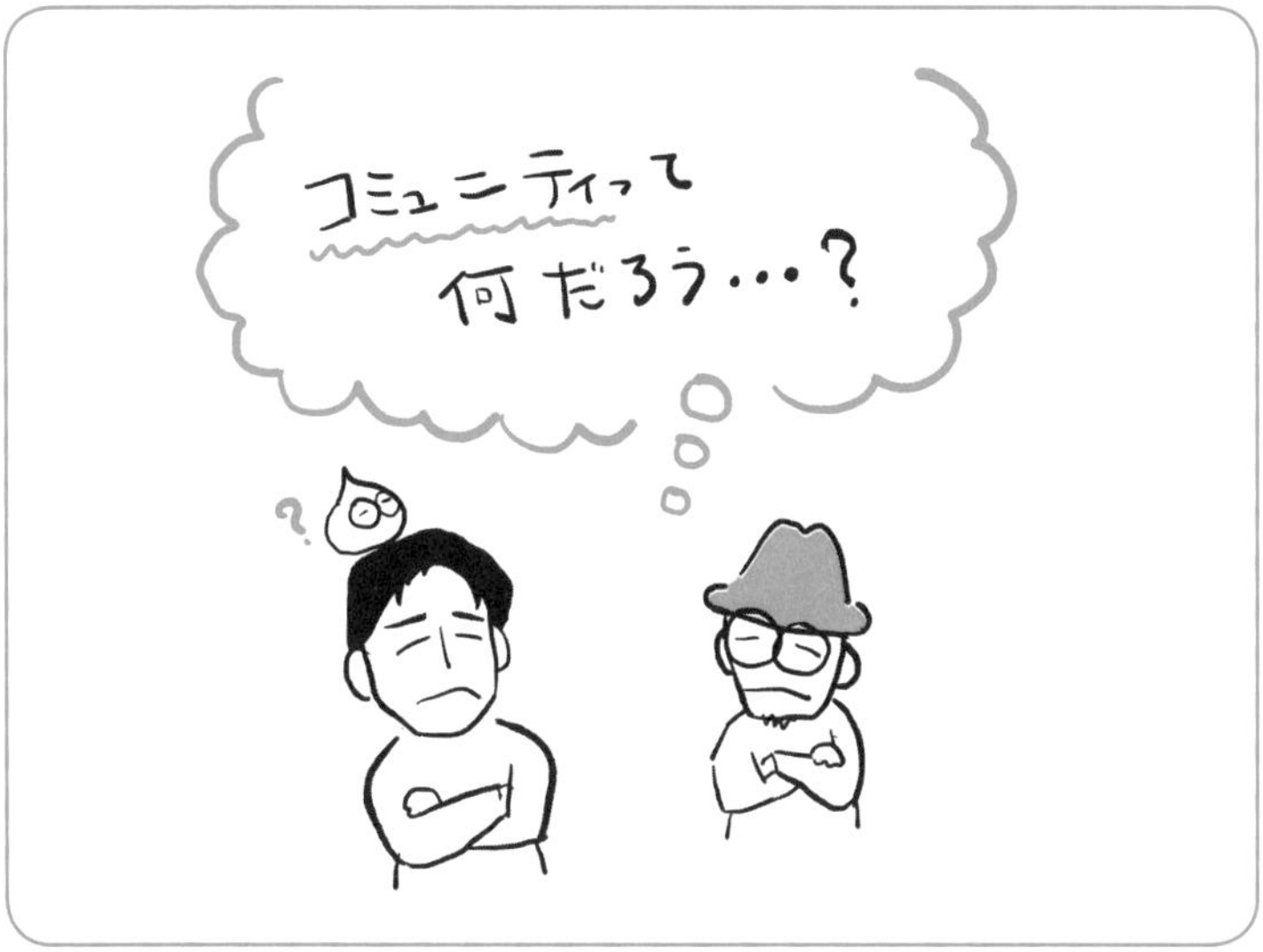

と定義しています。

・参加者一人ひとりが、目的意識を持って能動的に活動に関わっている
・参加者同士が、対等にコミュニケーションできる

端的に言えば、集まりに参加する人の意識が違うのです。

受け身でその場にいるのではなく、自分から主体的に集まりに関わって貢献する意識があるかどうかがポイントになります。

そう考えると、アーティストのライブやスポーツ観戦のように観客が「観るだけ」という一方的な関係だと、コンテンツを受け身で楽しむものなのでコミュニティとは呼べません。共

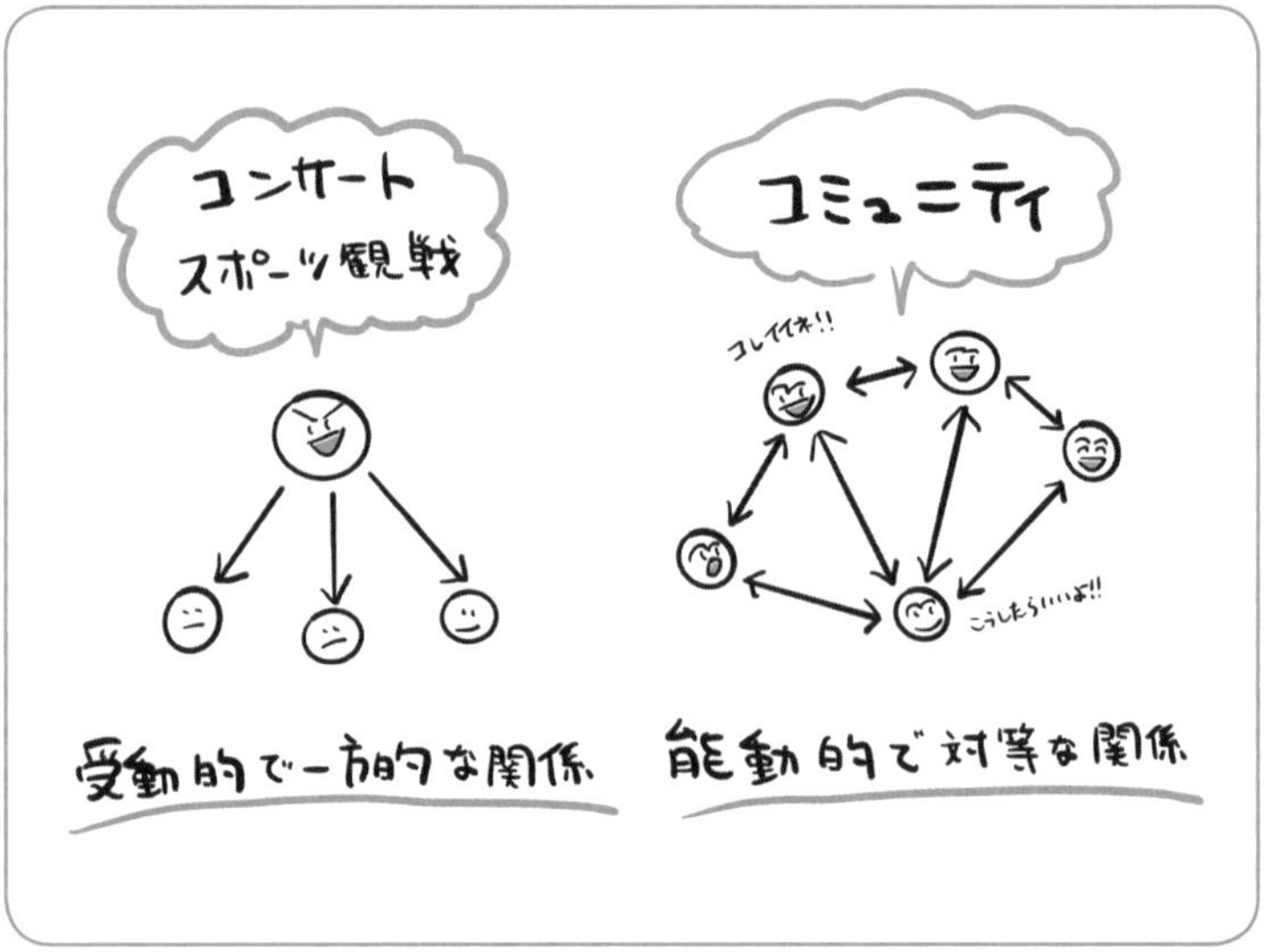

通の関心事を持つ人々が集まった勉強会などのイベントも、講師が一方的に話すだけのセミナーのようなものは、コミュニティとは言い難いでしょう。

本書で定義するコミュニティは、参加者一人ひとりが主体的に動き、それぞれが目的を持ってつくる「場」のことです。

参加者同士が、自分の持つ考えやアイデアを披露し、互いに刺激を与え、新たな発想を生み出していく——これが必須条件になります。

そして、コミュニティを運営する「コミュニティマネージャー」の仕事は、イベントやオンライン上のコミュニケーションを通して、多面的にそんな場をつくり出すことにあります。

本書で紹介するのは、さまざまなタイプのコミュニティの種別のうち、企業が主催する「ビジネスコミュニティ」です。文字通り、企業が経済活動を活性化する目的でつくるコミュニティを指します。本書で「コミュニティ」と書いている場合、特別な注意書きがない限りは、このビジネスコミュニティを指しています。ほかにどのようなコミュニティがあるのかについては、追って説明します。

ビジネスコミュニティを立ち上げるということは、参加者との交流を通じて、自社の製品やサービスへの愛着を持ってもらい、魅力を高めていくということです。自社の製品やサービスのファンをつくる、とてもやりがいのあるプロセスなのです。

コミュニティが「参加者の能動的な関わりである」ということはとても大切な考え方ですから、ぜひ覚えておいてください。

その上で、実際のコミュニティづくりについて説明していきましょう。

3つのステップでコミュニティをつくる

まずは全体像から説明しましょう。
ビジネスコミュニティづくりには、大きく3つのステップがあります。

① 方向性を決める（ビジョンやターゲット）
② 具体的な企画を立て計画に落とし込む
③ 参加者を集める

コミュニティをこれからつくる人は、常にこの3段階のどこに自分がいるのかを確認しながら、行動していきましょう。

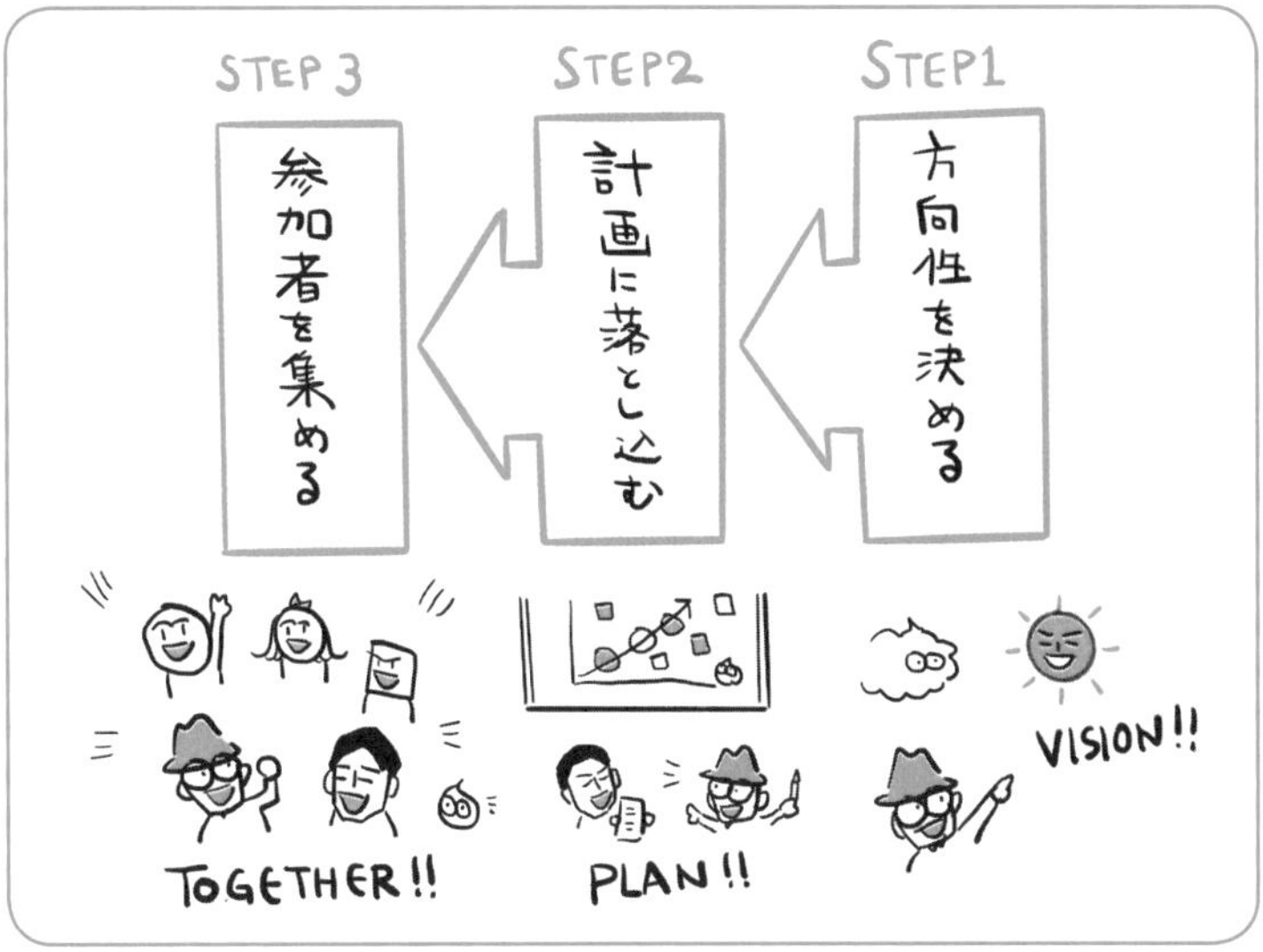

まずは方向性を決めよう

コミュニティづくりは、「そもそも何のためにやるのか」という方向性を決めることから始まります。誰を相手に、何を達成しようとしているのかという目的を明確にしましょう。

自社の事業に関係するコミュニティづくりを任された場合、「自社のどんな課題を解決するコミュニティをつくるのか」といった点を考慮するといいでしょう。

ただし、こう聞くと一般的には、次のような答えが返ってきます。

「ユーザーのエンゲージメント（愛着心）を高めるため」

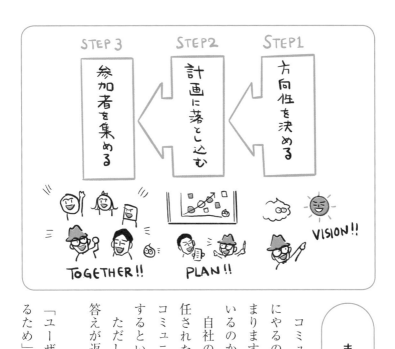

「ユーザー同士の出会いを演出して、互いにサポートする関係を生み出したい」
「自社の製品やサービスに対する理解を深めてもらう場をつくりたい」

どれも悪くはありません。しかし、まだ抽象度が高いのです。

さらに考えを深めて、より具体的に、自社の課題に関連した目的を固めましょう。

例えば、体重計などの医療器具メーカーのケースを考えてみましょう。

このメーカーの課題は、家電量販店や通販サイトなどでの販売シェアが低いことにありました。原因を調査するため、購入している消費者の属性を調べてみると、健康意識の高い人が多いことが分かりました。メーカーとしては、すべての消費者に製品を訴求するより、健康意識の高い人とのつながりを深めて、自分たちのブランドのファンに育てた方が効果的にビジネスを伸ばせるはずです。そこで、「自社製品の価値を理解し、周囲に広げてくれるようなコミュニティをつくりたい」と方向性を固めました。

あるいは、社内の経営課題を解決するためにコミュニティをつくる場合もあります。

目まぐるしく事業環境が変化する中、企業が自社の技術を開放し、他社と積極的に組むオープンイノベーションの必要性が高まっています。しかし、いざ他社と組むといっても、どうすればうまく連携できるのか分からず、まずは社内外のエンジニアを集めて、注目する技術についてカジュアルに議論するコミュニティをつくろうと考えました。目的は「エンジニアが気軽に議論できる場をつくり、社内の枠を超えた着想のきっかけをつかむこと」としました。

ここに挙げた2つの事例に共通するのは、新たにつくるコミュニティを通して、参加者がどんなことを実現できるようになるのかを明確にしていることにあります。コミュニティが何を目指し、参加者にどんなメリットをもたらすのか、しっかりと考えましょう。

そして、こうした**目的を端的な言葉で表現したのがコミュニティの「ビジョン」**です。ビジョンという言葉に少し面食らうかもしれませんが、そこまで大仰なものでなくて構いません。自分たちの会社が実現したいことと参加者のメリットが合致する部分を言語化すればいいのです。

参考までに、ビジョンづくりのきっかけになりそうな問いを列挙します。コミュニティを立ち上げるときには、次のような問いを参加者に投げてヒントを見つけましょう。

- **なぜ自社（あなたの会社）の製品やサービスを使っているのか**
- **その製品やサービスにどんなメリットを感じているのか、何を評価しているのか**
- **その製品やサービスを通して生活がどう変わったのか**
- **どんな人たちにその製品やサービスを薦めたいか**

例えば、先ほどの医療器具メーカーが消費者向けのコミュニティを立ち上げるとします。目的を明確にするため、通販サイトで自社の体重計を購入した5人を呼んでヒアリングを実施しました。

話を聞くと、「医療器具メーカーなので安心感がある」など、企業に対する信頼感が高いことが分かりました。また「ダイエットアプリのように知らない人と励まし合える機能が欲しい」「計測をサボりがちなので、定期的に体重を測る仕掛けが欲しい」といった意見も出てきました。こうしたヒアリングから、「信頼」「楽しさ」といったキーワードが浮かび上がりました。

さらに社内でも議論を重ねた結果、「自社の信頼感を武器に、楽しく健康な体づくりのできるコミュニティをつくろう」というビジョンが見えてきました。

その後、ビジョンを言葉にして、再び利用者に調査を実施し、コミュニティのビジョン

は次のようになりました。

「健康づくりを100倍楽しくする」

一般的に、健康管理はまじめに実践すると味気なく、長続きしません。

しかしこのコミュニティに参加すれば、楽しく健康的な生活が送れます。参加者にコミュニティに加わるメリットが伝わり、共感を得ることのできるビジョンです。

コミュニティづくりにおいて、最初につくるビジョンは大切な意味を持ちます。あらゆる意思決定の判断基準になるものだと理解してください。

ビジョンが曖昧《あいまい》だと、短期的な売り上げアップばかりを追い求めたコミュニティになりがちです。これではコミュニティを続けるために大切な長期的な課題解決が後回しになり、結果的にコミュニティが衰退していくことにもなりかねません。

コミュニティ運営者は常に「何のためにやっているのか」という方向性を見失わないようにしてください。そうでないと経営層や上司など、コミュニティを取り巻く環境が変わったときに、その必要性をきちんと説明できなくなります。結果、コミュニティ活動そのものが〝お取り潰し〟になることもあるのです。

ビジョンなしにコミュニティをスタートさせるのは、それくらい危険です。そうならないためにも、コミュニティのビジョンづくりにはじっくりと時間を掛けましょう。

その企画は誰に向けたものか

ビジョンを決めたら、次は具体的な企画を立てていきます。ビジョンがクリアなら、企画はすんなりと決まります。

ここで考えるのは「誰に向けた企画か」ということ。

先ほど紹介した医療器具メーカーの例なら健康志向の高い人たちですし、オープンイノベーションを目指す企業なら社内外で新しい事業を始めたいと思っている人たちが対象です。この時点で対象を絞るのが難しい場合はビジョンの設定が甘い可能性があります。

コミュニティの対象を絞るときに役立つのが、ビジョンづくりでヒアリングした自社の製品やサービスの熱心なユーザーです。その製品やサービスに愛着を持っているわけですから、まさしくコミュニティ参加者の最初のターゲットになるはずです。年齢、性別、属性など、参加者の共通点を見つけて、ターゲットのイメージをより詳細に描きましょう。

一方で、新しい製品やサービスのコミュニティをつくる場合は、誰に向けたコミュニティかという対象がまだ定まっていないかもしれません。あるいは既存の製品でも現状と違う層を狙うことがあるでしょう。

その場合も、狙いたいターゲットに当てはまる層にヒアリングをしてイメージを具体化していきましょう。

医療器具メーカーの例を続けます。ここでは、コミュニティのターゲットを「不健康な生活を送る忙しいビジネスパーソン」と設定しました。そしてターゲットに「なぜコミュニティをつくるのか」という背景を分かりやすく伝えるため、コミュニティ運営者が自分

【ストーリー】
以前、病院の営業をしていて
その時、健康な生活の大切さを…
なぜコミュニティをつくったのですか？
へぇ！
【ターゲット層】
共感！
不健康なビジネスパーソン

の体験をストーリーとして語りました。

「私が医療器具の営業担当だったとき、病院で多くの患者さんを見てこう思っていました。『病気になる前に、健康的な生活の良さに気づいてもらいたい』と。だからわたしは今、誰でも楽しみながら続けられる健康なライフスタイルを提案して、みなさんの健康づくりをサポートしたいのです」

この体験談によって、担当者がコミュニティを立ち上げる理由が具体的に理解できますし、コミュニティ参加者のメリットも、より明確に伝わるようになります。

コミュニティを構成する「イベント」と「コンテンツ」

コミュニティのターゲットが決まったら、いよいよ実践に入ります。

コミュニティを構成する要素はそんなに多くはありません。具体的には「イベント」と「コンテンツ」の2つです。

コミュニティ運営の成否はこの2つをいかに効果的に組み合わせるかにかかっています。**コツは、目的を明確にして狙ったターゲットを適切な規模で集めること。**コミュニティの成熟段階や使えるリソース（ヒト、モノ、カネ、時間など）を考えながら、戦略的にコミュニティの全体像を決めていきます。

コミュニティは常に変化していきますから、参加者の様子を見ながら打ち手を変えていく必要もあります。特にイベントについては、ノウハウや工夫できる点がたくさんあるので、詳細は2章と3章で解説し、ここでは大まかに紹介していきます。

イベントの狙いは2つあります。

一つはコミュニティ参加者と積極的にコミュニケーションを取ること。もう一つはコミ

ュニティのビジョンを発信して、賛同してくれる参加者や協力者を見つけることです。

一概にイベントといっても、20人くらいまでのミートアップ形式から、20人～200人くらいの小・中規模のイベント、200人を超える大規模イベントなど、種類はさまざまです。

そこで、リアルイベントの規模による特徴の違いをまとめました（左ページ図1参照）。

それぞれの特徴を理解しながら、イベントの規模と形式を決めましょう。

ミートアップの特徴

ミートアップの構成人数は4人～20人で、イベントの最も小さな単位です。

規模	特徴	人数規模	準備期間（目安）
ミートアップ	参加者が顔の見えるコミュニケーションを取れる規模	4人～20人	約14日～30日
小規模イベント	主催者の思いを参加者に届けやすく、懇親会では主催者が参加者全員にあいさつできる規模	20人～50人	約40日
中規模イベント	コミュニティの常連に加え、新たな参加者を加えて、適度な新陳代謝が起こりやすい規模	50人～200人	約60日
大規模イベント	複数セッションを用意し、登壇者も多いので集客しやすいが、主催者の目は全体に届きにくい規模	200人以上	約3カ月～6カ月

図1 ● 規模ごとに異なるリアルイベントの特性
Peatix作成

目的は、参加者が互いに顔の見えるコミュニケーションを取ること。特に10人～15人くらいの規模でミートアップを開催すると、コミュニケーション量が増えて、参加者同士の理解が深まります。規模の大きなイベントよりも参加者と緊密な関係を構築しやすいので、コミュニティに対する帰属意識を高めることができます。

ウェブ会議サービスやグループチャットなどを使って、オンラインミートアップを開くことも可能です。うまく進行すればオンラインでも十分交流できますし、遠方に住む人も参加できるメリットがあります。初対面同士で会話を弾ませるには対面ミートアップの方が効果的ですが、既に顔見知りならオンラインミートアップでもスムーズに交流できます。

小規模イベントの特徴

小規模イベントは、コミュニティ活動で最もオーソドックスな規模です。構成人数は20人～50人が目安です。

目的は、コミュニティの常連参加者と新たな参加者、また外部から呼んだゲストとコミュニティ参加者の交流を通じて、活動の熱量を上げることです。全員の顔を把握できる範囲で集客し、懇親会の場を設けて多くの参加者に新しい刺激と発見をもたらすように交流してもらいます。

小規模イベントに向く形式は、参加者が自分で手を動かして何らかの成果を出すワークショップと、複数の登壇者が話すトークセッションです。共通のテーマについて話し合うようなワークショップは深い意見交換ができるので、定期的に開催するといいでしょう。

30人以上が集まるなら、トークセッションがオススメです。登壇者と参加者が互いの顔が見えるので盛り上がりますし、登壇者と参加者の交流も促せます。参加者の満足度を高めやすいというメリットもあります。

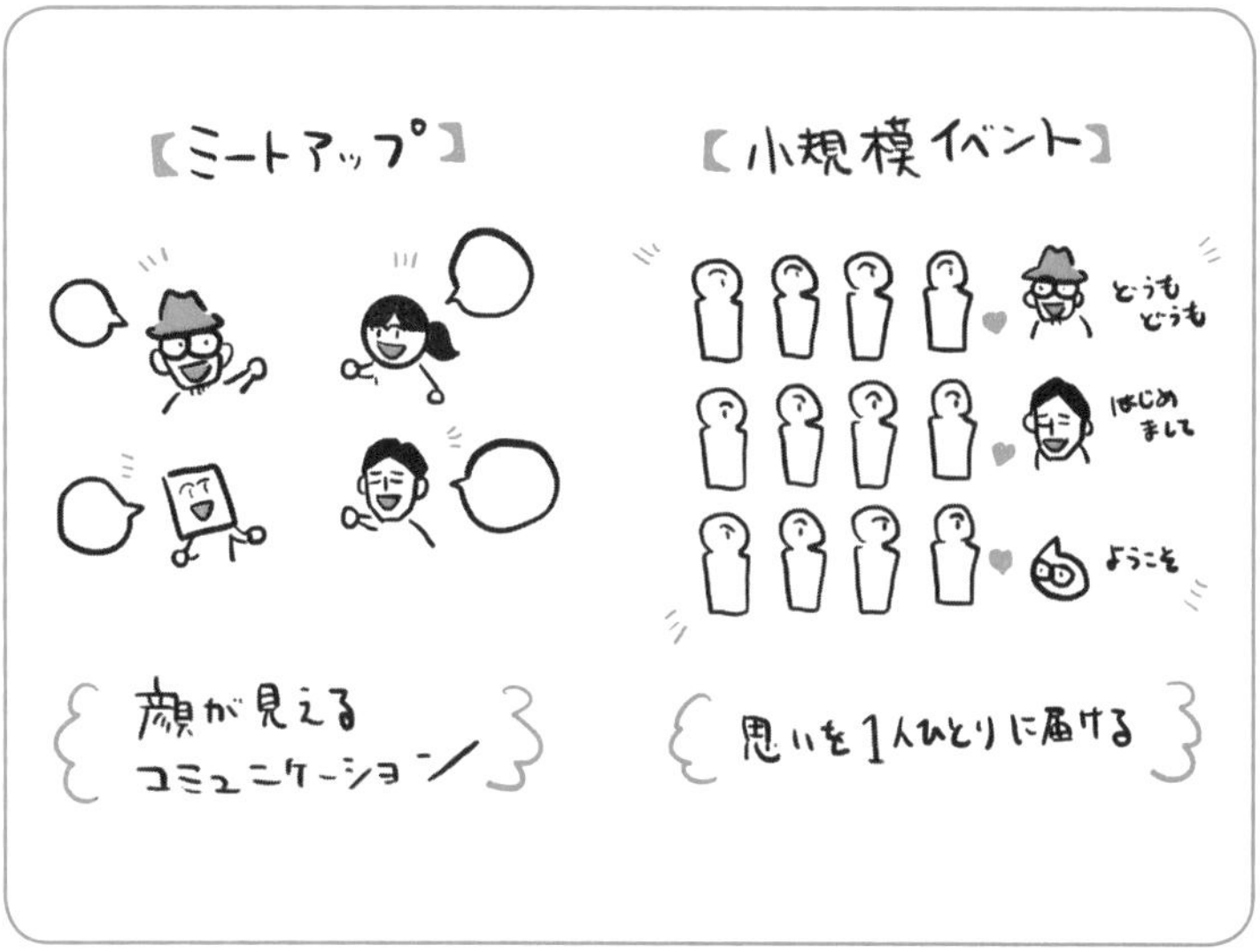
【ミートアップ】
【小規模イベント】
どうもどうも
はじめまして
ようこそ
顔が見えるコミュニケーション
思いを1人ひとりに届ける

中規模イベントの特徴

中規模イベントは、コミュニティの裾野を広げる際に有効です。構成人数は50人～200人が目安になります。

目的は、新たなコミュニティ参加者を増やすことです。小規模イベントはコミュニティ参加者を中心に集めますが、中規模イベントは新たにコミュニティ参加者となりそうな候補者を集めるのが特徴です。イベントを通じてコミュニティの活動内容を伝え、興味を持ちそうな参加者とつながりを強くしていきます。

中規模イベントで多い形式はトークセッションです。小規模イベントのトークセッションに比べると、登壇者と参加者の間に距離は生まれますが、旬のテーマを設定し、それに合った登壇者が出演すれば集客しやすくなります。懇親会で、登壇者とコミュニティ参加者、そして初めてイベントに来た人が交流できるようにしましょう。

コミュニティを立ち上げたばかりの場合、初年度は中規模イベントを年に1回開催することを最終ゴールに設定しましょう。中規模イベントを開くと決め、そこに向けて小規模イベントを年3回〜5回程度、開くといいでしょう。

イベントのテーマは、コミュニティのビジョンやターゲットと親和性のあるものにすることが大切です。トークセッションの登壇者は、テーマに共感する有識者やインフルエンサーを招待するのが理想です。

イベントの登壇をきっかけに、コミュニティ運営者が影響力のある人々とつながれば、その先もコミュニティ活動に協力してもらえるかもしれません。

小・中規模のイベントは、コミュニティの結束を強めるという副次的な効果も生み出します。参加者と一緒にイベントの準備をすることで、「コミュニティに関わるみんなでイベントを完成させた」という一体感を生み出せるからです。

ミートアップ同様、小・中規模のイベントをオンラインで開催することもできます（詳細は3章で説明します）。

大規模イベントの特徴

大規模イベントはコミュニティの発信力を強めるために開催します。参加人数は200人以上が目安です。この規模のイベントは「カンファレンス」と呼ばれ、数日にわたって続けるケースもあります。企業向けの製品やサービスを扱うコミュニティが開催するケースが多いのも特徴です。

目的は、コミュニティの活動を対外的に伝えることにあります。「世の中をこう変えたい」というメッセージを外部に発信して、結束を強めるのです。

手間も時間もかかるため、大規模イベントはコミュニティの体力が付いてから開けば十分です。コミュニティを立ち上げたばかりなら、「2、3年後に実現できればいいな」くらいの認識で構いません。いきなり大規模イベントを開催すると、参加者を集めることだけが目的となって、コミュニティ運営が後手に回りがちになってしまいます。

参加者との交流を重視するなら、ミートアップや小・中規模イベントを開催していれば十分です。仮に大規模イベントを企画する場合は、コミュニティのビジョンや状況を踏まえて本当に開催する必要があるのかを真剣に検討しましょう。

イベントの規模を選択する上で頭に入れておくべきなのは、運営チームの人数や予算、開催までの日数がどのくらいあるかということです。

小規模イベントでも、企画から開催までには約40日が必要です。大規模イベントなら準備だけでも約3カ月〜6カ月はかかります。

イベントにかけられる人手や予算、日数を把握した上で、どの規模のイベントを開くのか考えましょう。

コミュニティの成熟度で決めるイベント形式

規模に加えて、イベントの企画で大切なのは「形式」です。

形式には、「1対n型」「トークセッション型」「ワークショップ型」「ハッカソン・アイデアソン型」などのタイプがあります（45ページ図2参照）。最近では、「スナック型」と呼ばれる飲み会のようなイベントも広がっています。「キャンプ型」は泊まりがけなのでハードルは高くなりますが、現地では登壇者と参加者のコミュニケーションが増えて一体感は高まります。トークセッション型とワークショップ型など、複数のスタイルを組み合わせるケースも増えています。

目的やコミュニティの状況に合わせてイベント形式を選びましょう。それぞれの形式について特徴を説明します。

◎1対n型イベント

1対n型は、主に講師や登壇者が話をして、参加者がそれを聞くようなスタイルです。知識やノウハウを学ぶことが中心となる場合はこの形式が適しています。大規模イベントなどは1対n型のセッションが多い傾向にあります。

参加者が受動的に話を聞き、登壇者との間に双方向のやりとりがあまり生まれないのが、1対n型のデメリットです。しかし最近では、参加者が決められた時間に壇上でプレゼンをするスタイル（「LT（ライトニングトーク）」や「ピッチ」）を取り入れるなど、能動的に関われる仕掛けが増えています。

トークセッション型イベント

トークセッション型は、数人の登壇者と進行役が壇上で議論するスタイルです。複数の登壇者が参加するため、特定のテーマについて話す場合は、魅力的な内容になりやすい特徴があります。進行役が参加者から質問を集めて会場を巻き込んでいきます。うまく仕切ることができれば、イベントの熱量を上げることができます。

ワークショップ型イベント

ワークショップ型は、参加者がグループもしくは個人で特定の課題に取り組んで、時間内に成果物を作り上げるスタイルです。参加者が能動的にイベントに加われるため、テー

形式	特徴	最適なイベント規模
1対n型	講師や登壇者がプレゼンし、参加者がその話を聞く	中規模～大規模
トークセッション型	複数の登壇者が壇上で語り合い、参加者がその話を聞く	小規模～大規模
ワークショップ型	参加者が1人もしくは数人でチームをつくり、ワークショップを実施し、限られた時間で何らかの成果を出す	ミートアップ～小規模
ハッカソン・アイデアソン型	特定のテーマでグループワークをして、決まった時間内にアイデアやプログラムを考え、完成度を競う	小規模～中規模
スナック型	スナックのように主催者が参加者をつなげていく	ミートアップ～小規模
キャンプ型	泊まりがけでイベントを開催。登壇者と参加者がフラットに交流する	小規模～中規模

図2 • 形式によって変わるイベントの特性

Peatix作成

マ次第ではイベントを主催する企業に対する参加者の興味を高められます。

ハッカソン・アイデアソン型イベント

ハッカソン・アイデアソン型は、半日もしくは1、2日間、一つの課題にグループで取り組んで、最後に発表して成果を競います。ハッカソンは基本的には技術開発などの成果物を、アイデアソンはビジネスアイデアを成果として出すのがゴールです。ワークショップ型と比べて時間が長く、勝敗がつくため、グループの結束力が高まります。

企業が主催する場合、参加者はその企業の製品やサービスに長時間向き合うため、イベントを通してファンになるケースが多いのが特徴です。特にビジネスコミュニティづくりには効果的なイベントでしょう。

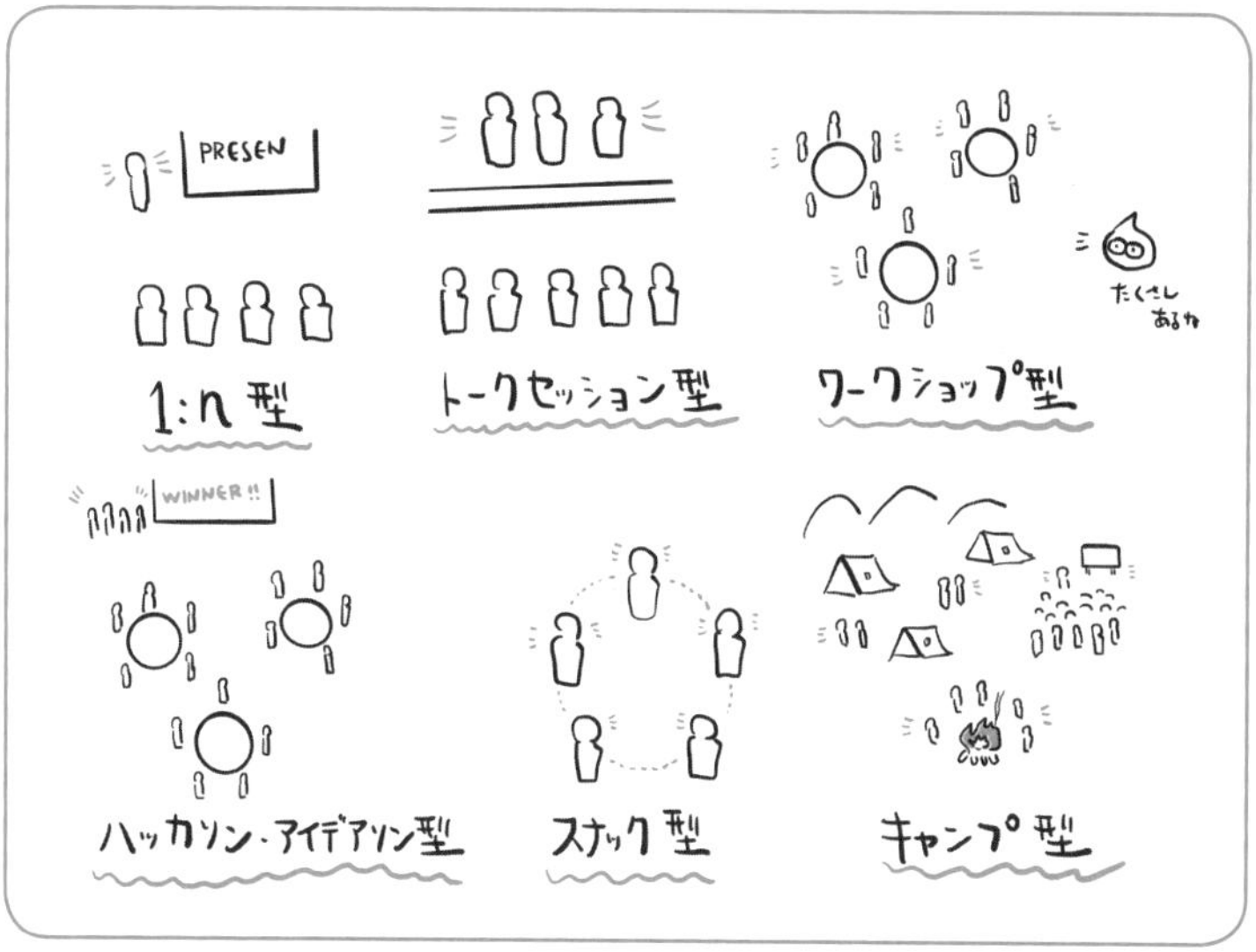

スナック型イベント

スナック型は、コミュニティ運営に関わる人がホスト役となって参加者をもてなす飲み会のようなスタイルです。テーマを事前に設定せず、参加者同士を気軽につなぐことができるため、イベントの新しい形式として最近増えています。

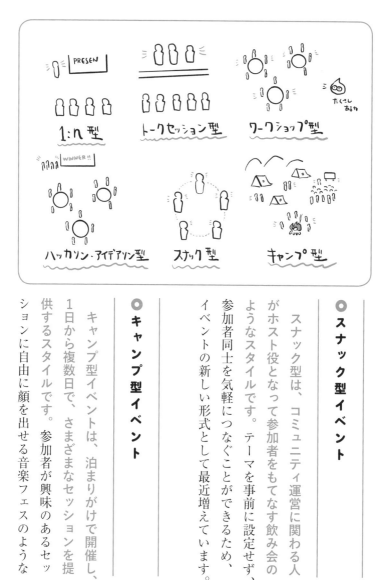

キャンプ型イベント

キャンプ型イベントは、泊まりがけで開催し、1日から複数日で、さまざまなセッションを提供するスタイルです。参加者が興味のあるセッションに自由に顔を出せる音楽フェスのようなイベントであることが多いです。登壇者、参加者、主催者の全員が長い間一緒に過ごすので距離が縮まり、コミュニティの熱量が高まりやすい特徴があります。

イベントとイベントをつなぐコンテンツ

コミュニティづくりの軸となるのはイベントですが、時間や距離などの制約から頻繁に開催できません。たとえ開催しても、顔を合わせて交流できる参加者の数には限りがあります。結果として、コミュニティ活動に興味はあっても、イベントになかなか顔を出せない人を取りこぼしてしまう可能性があるのです。

そこで大切になるのがコンテンツです。**イベントに参加できない人に向けて、イベントの様子を伝えて擬似体験してもらうのです。**既に開催したイベントを動画や音声、テキストなどで記録し、YouTubeやPodcast、自社メディア、ブログ、メールなどで配信します。

ここでは、コミュニティ活動を盛り上げるためのコンテンツづくりについて、紹介しましょう。

イベントのレポート記事を配信

コンテンツの中でも代表的なものは、イベントの様子をまとめたレポート記事でしょう。通常は、主催者がイベントの内容をテキストで書き起こしてまとめます。音声の書き起こしは、（インターネット経由で個人事業主らに仕事を仲介する）ランサーズやクラウドワークスなどのクラウドソーシングサービスを通して依頼すると便利です。最近はクラウドサービス「AWS（アマゾン・ウェブ・サービス）」が提供する音声書き起こしサービス「Amazon Transcribe」が日本語にも対応しています。外部サービスをうまく活用しましょう。

影響力のあるブロガーやイベントのテーマに詳しい識者、その業界に強いメディア関係者をイベントに招待し、レポート記事を執筆してもらう方法もあります。プロの力を借りれば、自分たちのネットワーク以上に幅広い層にイベントの情報を届けられます。

Twitterのつぶやきをまとめる

イベント中は、参加者にその様子をTwitterでつぶやいてもらいましょう。そのイベントの「#（ハッシュタグ）」を添えてつぶやいてもらえば、イベント終了後に投稿をまとめて見ることができます。あるいはコミュニティ運営スタッフが、イベントをリアルタイムで中継し、主催者の公式アカウントでツイートし続けてもいいでしょう。

イベント終了後には、Twitterの発言をまとめることのできる「Togetter」などのサービスで、イベントのハッシュタグを付けた投稿をまとめたページを作成しましょう。コミュニティ参加者だけでなく、コミュニティやイベントの存在を知らない人にも情報を届けられます。

イベントの動画を配信

登壇者のトークセッションやプレゼンテーションを録画し、配信します。動画はテキストよりも情報量が圧倒的に多いため、イベントの雰囲気がよく伝わります。当日、会場に足を運べなかった人にも役立つコンテンツとなるでしょう。

動画を配信する場合、登壇者には事前に動画配信の許可を得ておきます。

記事やTwitter、動画などを組み合わせて、コミュニティ参加者向けのコンテンツとして定期的に配信すれば、次のイベントまで参加者の興味を引き付けられます。

前回のイベントの様子を伝えながら、次のイベントの参加者を募集すれば一石二鳥です。登壇者を招いたトークセッションの記事がSNSなどで拡散されることもあります。うまく広がれば、コミュニティ活動に興味を持つ人が増えていきます。

Facebookグループをつくる

コミュニティ参加者や登壇者をFacebookグループなどで組織化し、参加者にさまざまな情報を投稿してもらうことで盛り上げる方法もあります。

Facebookグループを立ち上げる場合は、イベント開催中にも参加者に告知をしてグループへの参加を促すといいでしょう。イベントで撮った集合写真をFacebookグループでシェアするのも手です。イベントに参加した人がグループに自由に写真を投稿できるようになると盛り上がります。またイベント登壇者にグループに加わってもらうと、参加者の熱量は一層高まります。

大切なのは、コミュニティの参加者が継続して楽しめる情報を発信していくことです。そのため、Facebookグループをつくる場合は継続的に投稿できるような体制を整えましょう。イベント時の写真やレポート記事、内容に関連した外部の記事などを投稿してもいいでしょう。

イベントとコンテンツのスケジュールを決める

イベントとコンテンツについて理解したら、次はイベントをどんな頻度で開催するのか具体的な計画を立てていきます。

ここで頭に入れておくべきは、人員や予算、時間といったリソースです。「コミュニティは何人で運営するのか」「予算はどれだけ使えるのか」「イベントを開催する施設は手配できるのか」……。

コミュニティに割けるヒト、モノ、カネ、時間を書き出して整理し、イベントの形式や規模、頻度、コンテンツを投入するタイミングを考えます。

個々のイベントやコンテンツの配信は、「点」で考えてはいけません。それぞれの活動が、最終的にはコミュニティの目的に収斂《しゅうれん》するような「線」になるように、大きな文脈をつくることが大切です。

54ページのイラストを見てください。イベントとコンテンツ配信は有機的に連なっています。一つひとつの企画は、あくまでコミュニティの熱量を高める要素でしかありません。それらを有機的につなげて、大きな流れをつくっていくのです。

年間スケジュールの立て方

計画の立て方は、次のステップで考えましょう。

① 人員や予算、時間などのリソースとイベントの規模や準備期間を参考に、イベントの規模と開催頻度を決める

② それぞれのイベントについて、ふさわしい形式を決める

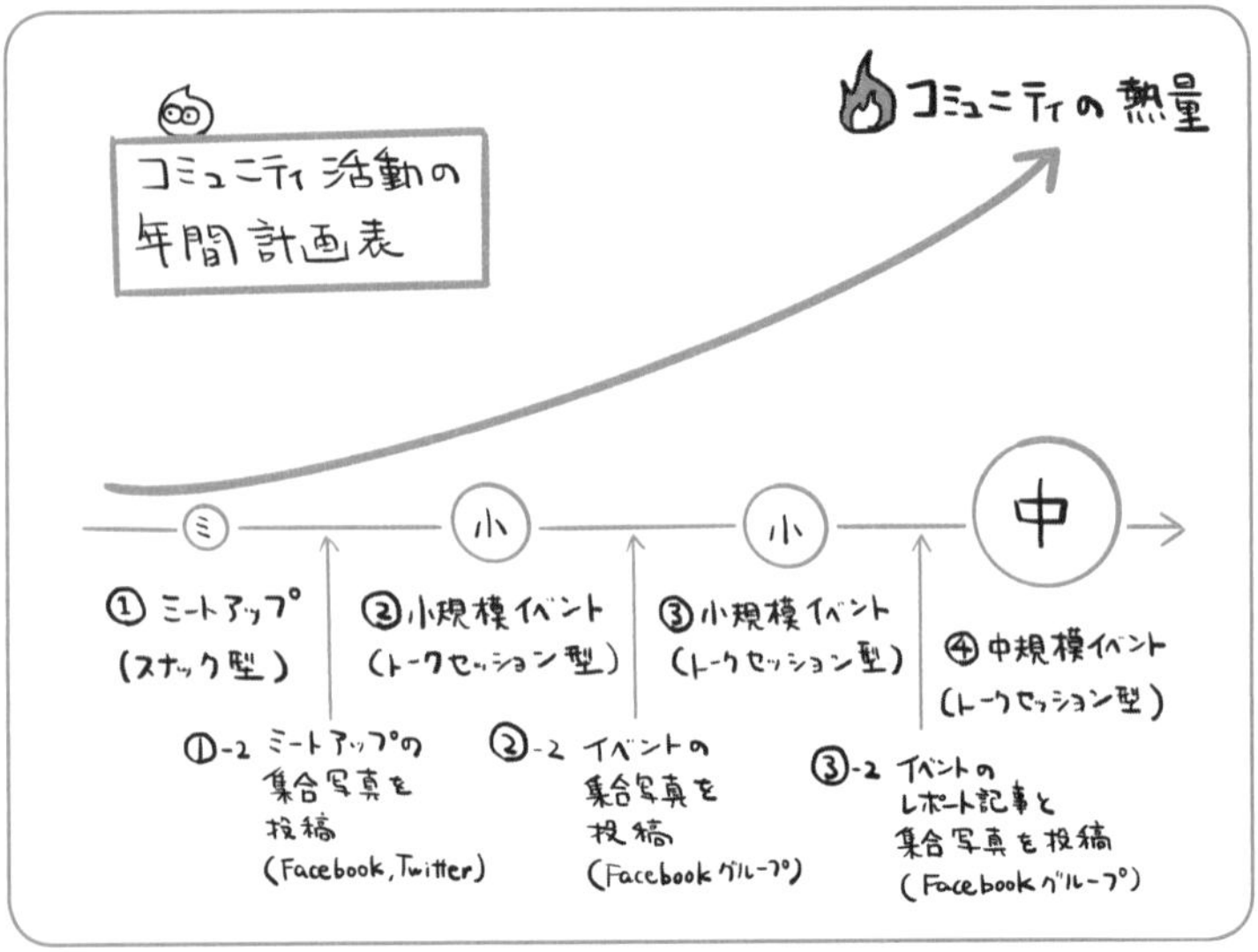

③ **イベントとイベントの中間期にコミュニティ参加者とどう交流するのかを考える**

④ **年間スケジュールを書き出し、無理のない計画であることを確認する。それぞれの企画が大きな流れになっているかも併せて確認する**

⑤ **年間スケジュールを確定する**

コミュニティの運営を任されると、成果を焦るあまり、ついイベント数を増やしがちになります。しかし、無理は禁物です。リソースもないのに頑張りすぎると途中で息切れし、思うようなコミュニティがつくれなくなります。

初めてコミュニティを立ち上げるなら、まずは運営体制を整えることに専念しましょう。コミュニティ運営の1年目は経験を積む期間と考え、無理のない範囲で計画を立てましょう。

熱心なファンを中心に参加者を集める

最後のステップはコミュニティの参加者を集めることです。

ここまでくると、どんな人を集めればいいのかは、ある程度イメージできているはずです。具体的に参加者の募集方法を説明します。

最初の一歩は、コミュニティに興味を示しそうな熱心なファンに声をかけるところから始めます。例えば消費者向けのコミュニティの場合、自社サイトやメールマガジン、SNSの公式アカウントなどで、参加者を募集しましょう。その製品やサービスを愛用している人を中心に声をかけていけばいいのです。

企業向けのコミュニティの場合は、既に付き合いがあり、コミュニティ活動をおもしろがってくれそうな顧客企業の担当者が有望です。

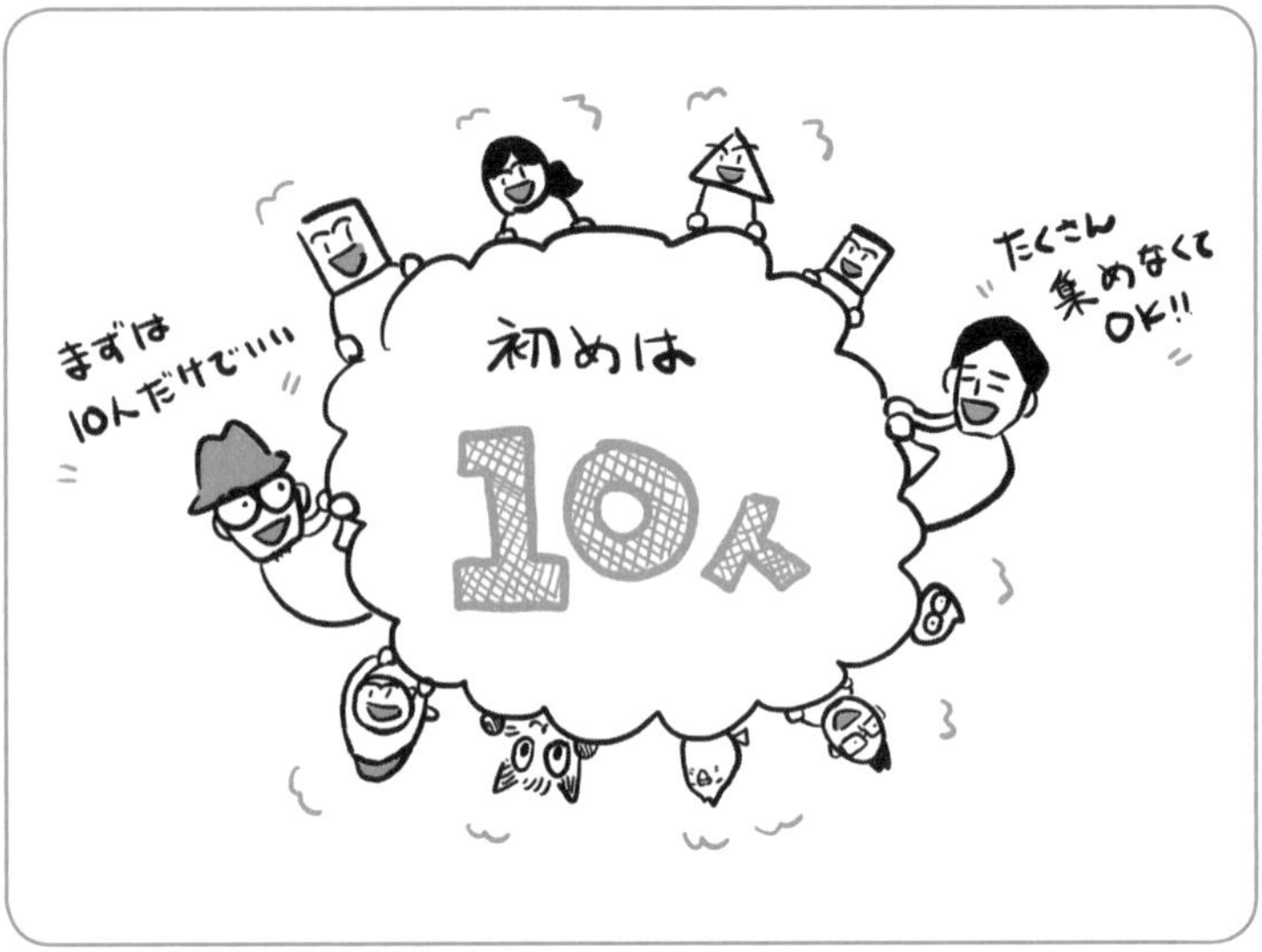
まずは
10人だけでいい
初めは
10人
たくさん
集めなくて
OK!!

コミュニティ参加者の集め方

①最初はおよそ10人を目安に声をかける
②5人〜10人規模のミートアップを開く
③ミートアップで製品やサービスの長所と短所をヒアリングする
④友達や仕事上付き合いのある人など少しずつ輪を広げる
⑤SNSで参加者とつながり、コミュニケーションを続ける

ほかのコミュニティを見学しよう

コミュニティを初めて立ち上げるなら、実際

にいくつかのコミュニティに参加してみるといいでしょう。

「習うより慣れろ」とはよく言ったもので、コミュニティに関する最も有益な情報を持っているのは、その実践者たちです。

先輩のコミュニティ運営者が実際にどんなコミュニティをつくり、どんなイベントを開催しているのか、体験するとよく理解できるようになります。

「参加したコミュニティではどのくらいの頻度で、どんな規模のイベントを開催しているのか」「参加者にどんなコンテンツを配信し、参加者とどういったコミュニケーションを取っているのか」「イベント以外にコミュニティ参加者とやりとりをする場はあるのか」

こういった点を気に留めながら、コミュニティを中から観察してみてください。

Peatixなどのイベントサービスや、Facebookのイベントページを検索し、関心のあるイベントに参加しましょう。あるいは知人や友人にオススメのイベントを紹介してもらうのもいいでしょう。

いろいろなコミュニティに参加していると、「何となく居心地がいい」「ここは改善してほしい」「もっとこんな雰囲気だと話しやすい」といった感想を抱くようになります。この感覚が、自分でつくる理想のコミュニティの原型となります。

これまでコミュニティに参加したことがないなら、まずは1カ月に5回～10回ほど、イ

共感してくれる
社内の仲間を
見つけよう!!
お客さんが興味あるって
セミナールーム使っていいよ!
立替精算こうやるといいよ
営業部の「仲間」
総務部の「仲間」
経理部の「仲間」
会社
イザというとき頼りになります!

ベントに参加してみましょう。理想のコミュニティ像が立体的に見えるはずです。

社内の仲間を巻き込む

参加者を募集する段階では、社内でもコミュニティ活動を助けてくれる協力者を探しておきましょう。ビジョンを積極的に話し、共感してくれる社内の仲間を見つけるのです。

例えば、管理部の先輩がイベントに必要なさまざまな手続きの融通を利かせてくれるかもしれません。営業部の同期がコミュニティの存在を得意先に広めてくれる可能性もあります。

いざというときに頼りになる仲間を社内に多く見つけることが、コミュニティを安定して続

けるポイントになります。

コミュニティには4つの種類がある

ここまで、ビジネスコミュニティをつくる3つのステップを解説してきました。

実はコミュニティには、企業が経済活動のためにつくるもの以外にも、いくつかの種類があります。

いずれも「参加者一人ひとりが目的意識を持って能動的に関わり、フラットな立場で交流する」という要件は同じですが、成り立ちや目的が異なるのです。

「コミュニティ」という言葉は、多くの人が知る汎用的なものですが、いくつかの種類があるため、人によって抱くイメージは異なります。そこで4種類あるコミュニティの特徴についてまとめました。

地域コミュニティ

地域の活性化や、つながりづくりを目的にしたコミュニティです。規模の小さな町内会などの「ご近所コミュニティ」から、地域の課題解決のために行政とNPO（非営利団体）、地元企業などの幅広い関係者が参画する規模の大きなコミュニティまで幅広く存在します。

地域コミュニティは、1995年の阪神・淡路大震災や、2011年の東日本大震災など、自然災害を受けた後で注目を集めることが多いようです。ランドスケープデザイナーの山崎亮さんが著書『コミュニティデザイン』（学芸出版社）を出版し、地域におけるコミュニティづくりの事例が注目されたのは、東日本大震災後の2011年のことでした。

最近では新しいタイプの地域コミュニティも生まれています。地域に住むキーパーソンに着目し、市民を巻き込んで地元の活性化プロジェクトを立ち上げているのです。例えば、日本各地で地域活性化プロジェクトを実践するベンチャー企業のSlow Innovationが東京都渋谷区と連携して運営する「渋谷をつなげる30人」というコミュニティでは、渋谷のキーパーソン30人を集めてプロジェクトを立ち上げ、渋谷の課題解決に取り組んでいます。この成功を受けて、最近では京都市や名古屋市、気仙沼市でも、地元のキーパーソン30人

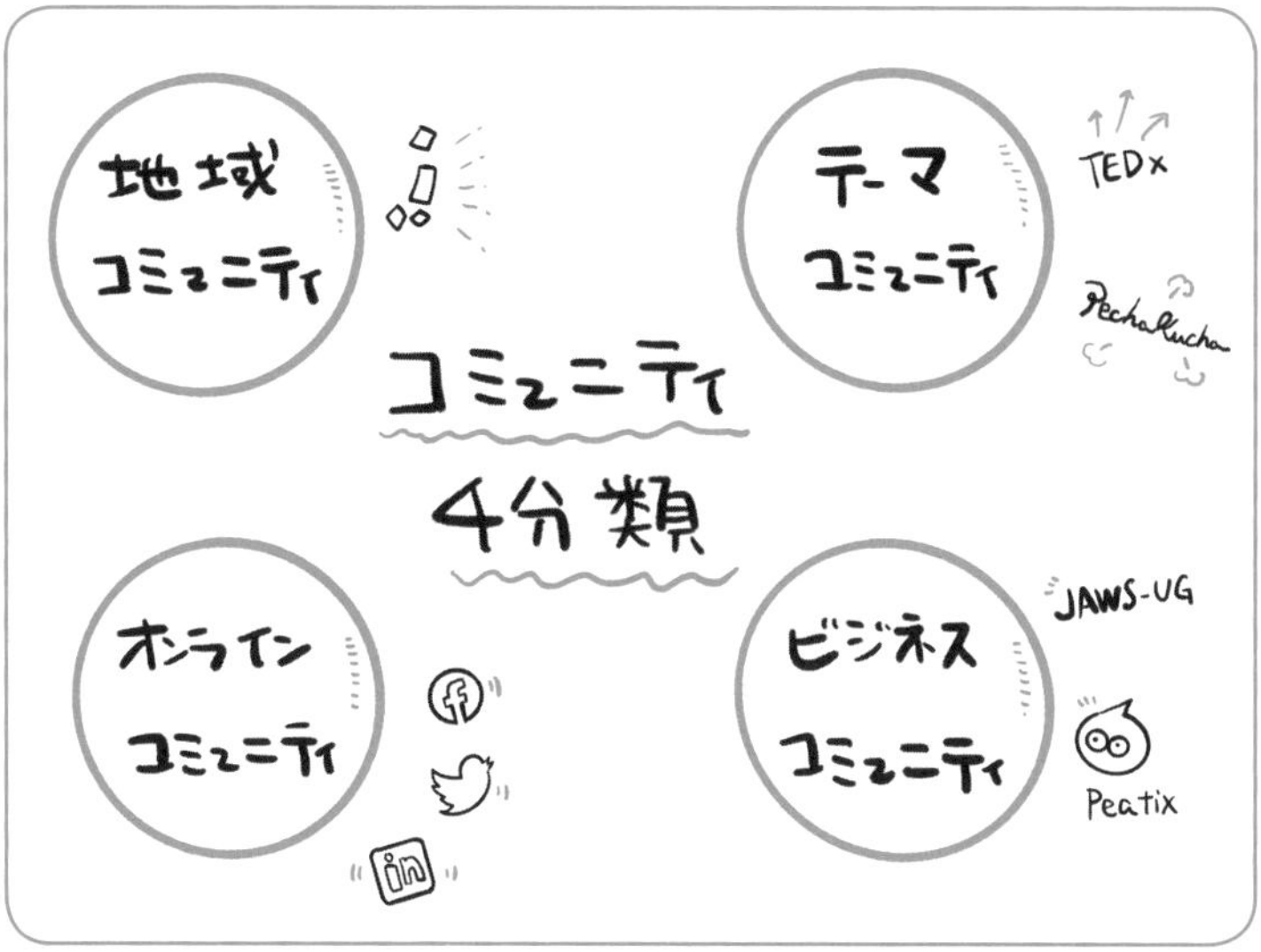

を集めたコミュニティが生まれています。

テーマコミュニティ

特定の趣味や嗜好《しこう》など、同じテーマに興味のある人が集まるコミュニティです。好きなアーティストについて語り合う気軽なものから、エンジニアが主催する真剣な勉強会などさまざまで、特定のテーマに取り組みたい人が集まっています。

有名なものでは、「広める価値のあるアイデア」を共有する「TED」があります。アメリカ発祥のコミュニティで、選抜されたスピーカーが18分間でプレゼンテーションするのが特徴です。内容が際立っておもしろく、世界的に知られるようになり、今では「TED x」という名称でさまざまな国や地域で派生イベントが開催されるようになりました。

日本発祥の「PechaKucha Night（ペチャクチャナイト）」というコミュニティは、1200を超える世界中の都市に広がっています。公募によって集まった登壇者が、スライド20枚を1枚当たり20秒でプレゼンテーションをするイベントで、デザイナーや建築家、アーティストたちの交流の場として広がっています。

オンラインコミュニティ

ITの普及に伴って活況を見せたのが、オンラインコミュニティです。日本におけるオンラインコミュニティの元祖である「ニフティサーブ」や「PC-VAN」などのパソコン通信は、1980年代後半に誕生し、オンラインでの交流が世に広がるきっかけを生み出しました。2000年代にはSNSのmixiが脚光を浴び、個人のユーザーが自分の趣味や関心に合う仲間を集めて、多種多様なオンラインコミュニティをつくっていきました。

そしてTwitter、Facebook、LinkedInなど、SNSの普及によってオンラインコミュニティはさらに幅広い層に浸透していきました。2010年代からは、ネット上で影響力のある有名人が主催する「オンラインサロン」なども増えています。

ビジネスコミュニティ

主に企業が主体となり、経済活動を活性化する目的で形成するコミュニティです。本書で解説しているのもこのタイプです。

例えば、消費者向けの製品やサービスを提供する企業の場合、それらのファンになってもらうためにコミュニティを立ち上げることがあります。コミュニティ参加者はテーマとなる製品やサービスの使い方や改良点に意見を言ったり、その世界観について語り合ったりすることで、愛着を深めていきます。

消費者向けのビジネスコミュニティがうまく回り始めると、参加者が自発的に製品やサービスの魅力をほかの人に広げてくれるようになります。ファンがファンを育てるようになるのが、消費者向けビジネスコミュニティの特徴です。

一方、企業向けの製品やサービスでも、最近は自社の顧客同士をつなげるビジネスコミュニティを積極的につくる動きが広がっています。企業向けコミュニティは、契約前の見込み顧客の開拓や、契約後の顧客との関係強化を目的にするケースが多いのが特徴です。

企業向けの製品やサービスは契約までの期間が長く、コミュニティを通じて成功事例を紹介したり、ノウハウを共有したりすることで、契約成立に向けた側面支援をする狙いがあります。契約後の顧客を対象にしたコミュニティも数多くあり、こちらは顧客同士でノウハウを共有して成功事例を増やし、製品やサービスへの愛着を強めていくことが目的となります。

日本での企業向けビジネスコミュニティで有名なのは、クラウドサービス「AWS（アマゾン・ウェブ・サービス）」の国内ユーザーで組織する「JAWS-UG」でしょう。AWSのユーザーがノウハウを共有したり、トラブルを解決したりする場としてJAWS-UGが立ち上がりました。AWSのスタッフが積極的にコミュニティに入り、参加者同士が実際に出会って新たなビジネスが生まれるなど、AWSが利用され、発展する仕掛けがいくつも盛り込まれています。

本章の最後に、改めてコミュニティづくりの要点を振り返りましょう。

コミュニティづくりは、**①方向性を決める**（ビジョンやターゲット）、**②具体的な企画を立**

て計画に落とし込む、③参加者を集める――という3ステップでつくっていきます。

特に大切なのが、①の方向性を決めるステップです。ビジョンづくりのプロセスをないがしろにしてはいけません。「何のためにやっているのか」を忘れてしまうと、コミュニティそのものがぼんやりとした内容になります。そうしたコミュニティは大抵の場合、参加者や関係者のモチベーションが高まらず、結果的に活動が停滞していきます。

「何のためにコミュニティを立ち上げるのか」「コミュニティを通して何を実現したいのか」を明確に決めましょう。

いざコミュニティを立ち上げる段になると、イベントを開催したり、コンテンツを配信したりすることに意識が向きがちになるので、くれぐれも注意してください。

2

イベントを企画して集客する

2章では、コミュニティ活動の軸となるイベントについて解説します。

コミュニティ活動は主に「イベント」と「コンテンツ」の2つで構成されています。中でも活動の起点となるのがイベントです。そしてイベントの成否がコミュニティの盛り上がりを決めるといっても過言ではありません。

これまで、イベントの大半はコミュニティの参加者同士が直接会うリアルイベントが主体でした。しかし2020年春以降は、新型コロナウイルスの影響を受けて、インターネット上で完結するオンラインイベントも増えています。

2章ではそれぞれの特徴に触れつつ、主にリアルイベントの企画から実施、実施後のフォローまでの流れを説明します。オンラインイベントについては、3章にノウハウをまとめました。

イベントの企画には大きく3つのステップがあります。

① 概要を考える
② 内容を詰める
③ 集客プランを考えて実行する

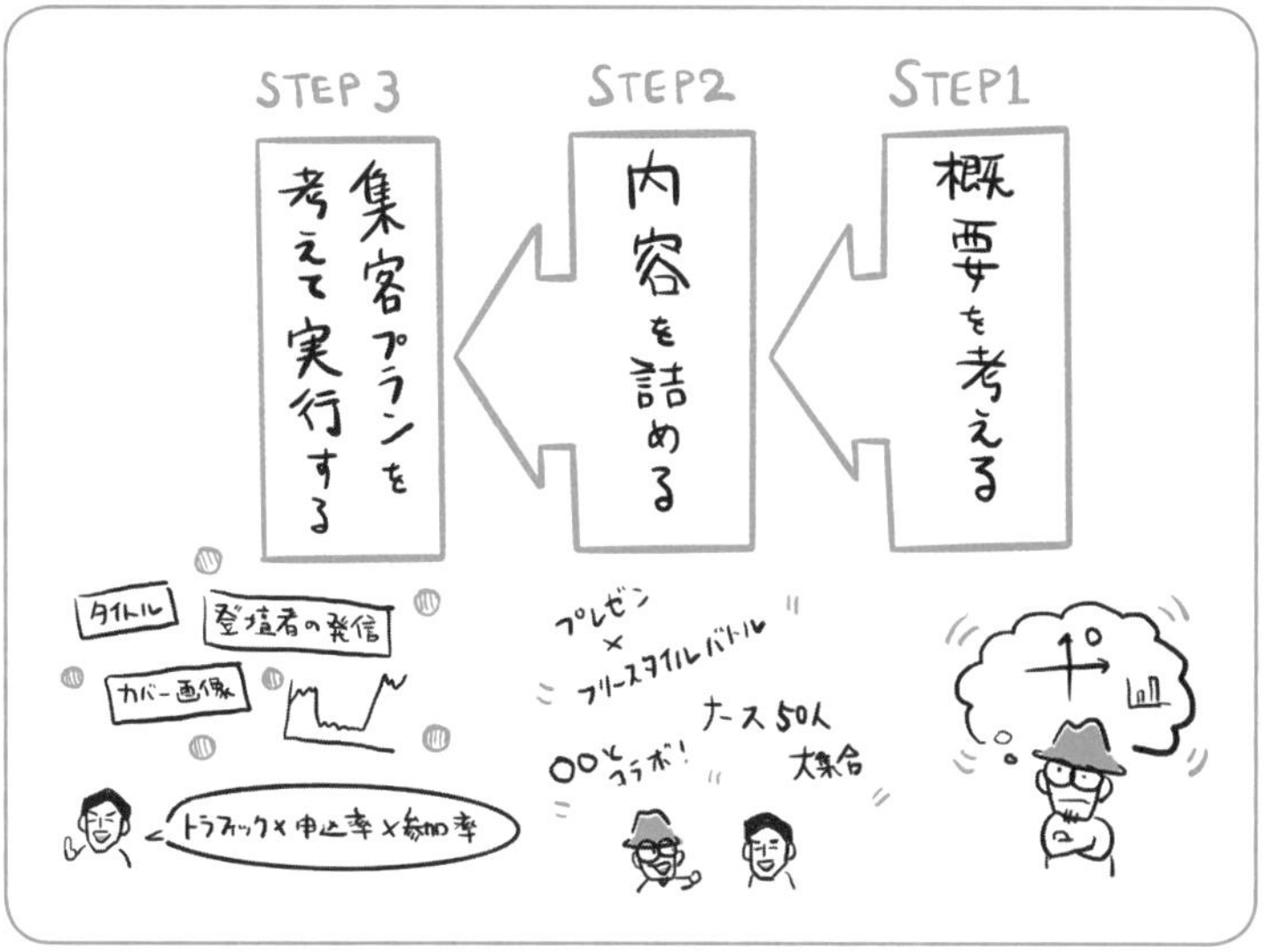

最初に決めるのは「トーン」

1章で説明した手順でビジネスコミュニティを立ち上げたなら、コミュニティ活動の年間計画は策定できているはずです。その流れの中でイベントの概要を考えることからスタートします。まずはイベントの「トーン」を決めていきましょう。

トーンとは、そのイベントが持つ雰囲気のことです。例えば、コミュニティが「金融業界で働くビジネスパーソンが議論する場」なら、トーンはまじめなものになります。しかし、いつもまじめ一辺倒のイベントだとあまり盛り上がりません。そこで、まじめな路線に保ちつつ、「みんなで乾杯！」といったカジュアルな雰囲気気を演出する仕掛けなどを準備して、場の空気を和らげる工夫を施します。

イベントのトーンは大きく「くだけている」か「まじめ」かを一つの軸として考えます。加えて、参加者が安心して意見の言える雰囲気かどうかを示す「コミュニケーションの多寡」をもう一つの軸にして分類します。左ページの図はそれを示したものです。ここに37ページの図1「規模ごとに異なるリアルイベントの特性」と45ページの図2「形式によって変わるイベントの特性」を活用して、それぞれどこに分類されるのかを示しました。自分の主催するイベントがどの位置付けになるのか考えてみましょう。

コミュニケーションの多寡はコミュニティを形成する上で大切な要素です。特にコミュニティを立ち上げる段階では、図の第1象限（「コミュニケーション多め」×「まじめ」）に分類される「アイデアソン型」や、第2象限（「コミュニケーション多め」×「くだけた」）に分類される「スナック型」を実施していきましょう。コミュニケーションの多いイベントでは、参加者と主催者の理解が深まりやすく、その場限りではない人間関係を構築できるようになります。

第3象限にある「名刺交換型」（「コミュニケーション少なめ」×「くだけた」）のようなイベントは、人は集まるものの、参加者が名刺を交換するだけの場となってしまいがちです。コミ

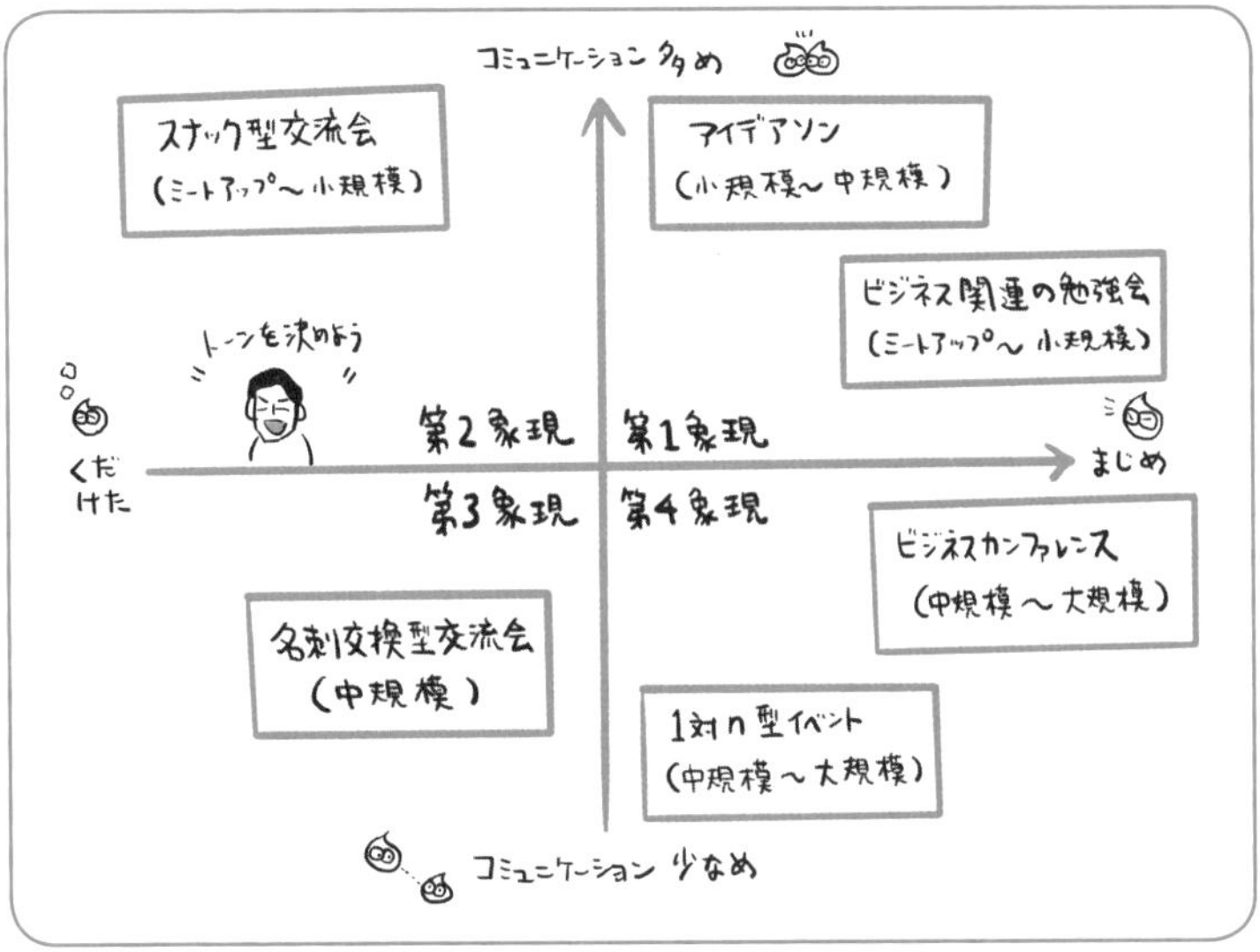

ユニティの要件である「参加者の主体的な関わり」が生まれず、コミュニティの熱量が上がらない傾向になります。

人間関係や議論を深めるコミュニティをつくりたいなら、名刺交換会のようなイベントはあまり効果が見込めないと覚えておきましょう。

コミュニティ運営の経験が蓄積されてきたら、イベントによってトーンを変えるのもいいでしょう。まじめなイベントから一転、くだけた雰囲気に変えてみると、コミュニティに新しい刺激を与えられます。

コミュニティ活動がマンネリ化したときには、トーンのメリハリが停滞感を払拭するのに役立ちます。

「おもしろい」イベントの3つの方程式

トーンが定まると、おのずとイベントの規模や形式も決まっていきます。次はイベントの内容に進みましょう。

ここでは参加者が「おもしろい」と感じる内容を追求することが大切です。内容こそイベントの肝になります。

では、イベントのおもしろさとは何でしょうか。**ポイントは、イベントを知った人が興味を持ち、心が引かれる内容かどうかにあります。**

この数年はビジネスコミュニティが主催するイベントも増え、参加者は幅広い選択肢の中から、おもしろそうなものを自由に選べるようになりました。そんな環境の中で、コミュニティ運営者は、参加してもらいたい層にイベントの内容をしっかりと訴求し、関心を持ってもらわなくてはなりません。

「そんなことを言われてもおもしろい内容なんて簡単には思いつかない」と悩む人も多いでしょう。そこで、私たちが経験的に編み出したおもしろいイベントをつくる3つの方程式を紹介します。

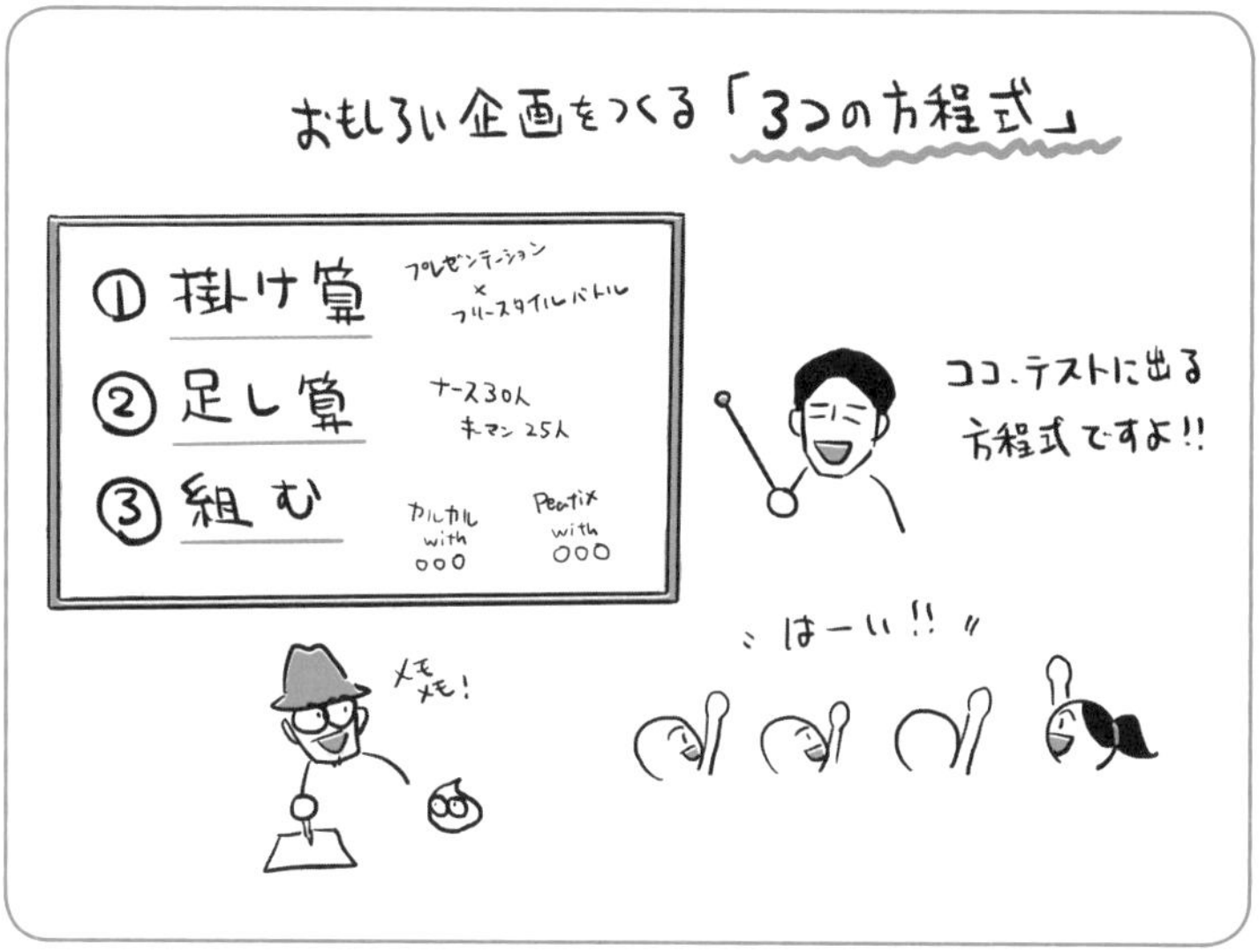

① 掛け算
② 足し算
③ 組む

企画を考えるときに意識すると発想の幅がぐんと広がります。順に説明していきましょう。

意外な掛け算で驚きを生む

イベントにおける掛け算とは、まったく異なる分野のイベントを掛け合わせることです。人は予想もしなかった組み合わせを見るとハッとします。「お、これは何だ?」と関心を寄せるのです。

例えば、バラエティ番組に出演したことのな

掛け算の例1 ●「プレゼン」×「フリースタイルバトル」
プレゼンの学びとエンターテインメントの要素を掛け合わせる（2018年開催）

い実力派俳優が、お笑い番組に登場すると、思わず見てしまうことがあります。同じようにコミュニティのテーマとまったく別のジャンルを掛け合わせるのです。イメージが湧きやすいように、実際に開催したイベントで説明します。

掛け算の例1 「プレゼン」×「フリースタイルバトル」

『マイクロソフト伝説マネジャーの世界№1プレゼン術』（ダイヤモンド社）という本を出版し、プレゼンテーションの第一人者でもある澤円《さわまどか》さんが開催したイベントです。

プレゼンのノウハウを伝授することが中心テーマですが、ヒップホップのラッパーが即興

掛け算の例2 ● 「移住説明会」×「ドラフト会議」
地方自治体の移住者募集とプロ野球のドラフト会議を掛け合わせる（2017年開催）

で言葉を吐き出すフリースタイルMCバトルの要素を取り入れてエンターテインメント性を高めました。

　壇上では、その場で出されたお題に対して、出場者が10分でプレゼンを準備。3分間のプレゼンをして、澤さんを含めたほかの出場者と対決します。

　プレゼンを学ぶことにエンターテインメントの要素が掛け合わされ、イベント案内を見た人の期待値が増しています。

掛け算の例2
「移住説明会」×「ドラフト会議」

「みんなの移住ドラフト会議」は、移住者を集めたい地方自治体の担当者が、プロ野球でおなじみの「ドラフト会議」方式で開催したイベントです。

このおもしろさは、地方自治体の移住者募集とプロ野球球団のドラフト会議を掛け合わせたことにあります。移住検討中もしくは移住に注目している人を、自治体がドラフト候補生として指名するという、今までになかった仕組みです。

これまでは、自治体側が移住を検討する人にお願いをして、UターンやIターンの候補者を集めてきました。その立場が逆転したこともユニークで、メディアに多く紹介されました。

足し算でおもしろさの量を増やす

次は足し算です。**特定の業界やテーマに関係する人を登壇者として招いて足していくのです。**その領域に興味のある人は確実におもしろさを感じます。

例えば、AI（人工知能）をテーマにしたイベントを開催するとします。この領域に精通した識者が「3人登壇します」と告知した場合と、「ずらり20人登壇！」と告知した場合では、どちらがインパクトがあるでしょうか。AIに関心のある人なら、きっと後者を選

足し算の例1 • 渋谷エリアのキーパーソン25人
2時間のイベントに25人の登壇者を集めた（2019年開催）

ぶはずです。

必ずしも登壇者が多いほどいいわけではありませんが、多角的な切り口からＡＩに関連する人が集まると、おもしろさは増していきます。

実際に開催されたイベントを例にして説明しましょう。

足し算の例1 渋谷エリアのキーパーソン25人

私たちが主催する「コミュコレ！」は、その地域で魅力的な活動をする登壇者を集めるイベントです。最初は、東京・渋谷にあるさまざまなコミュニティや企業のキーパーソン25人を登壇者として集めました。

足し算の例2 • 看護師が集団で啓蒙活動

現役看護師30人が一堂に会した（2019年開催）

2時間のイベントで登壇者は25人もいたので、単純に計算すると登壇者一人当たりの持ち時間はたったの4分強しかありません。それでもみなさんがおもしろがって登壇してくれました。渋谷という土地のキーパーソンが一堂に会した珍しさもあり、本イベントは初回から80人以上の参加者を集めることができました。

◎足し算の例2 看護師30人が集団で啓発活動

2017年11月から渋谷で3回開催している「渋谷ナース酒場」というイベントでは、現役の看護師30人が登壇しました。「看護師ーず」という看護師コミュニティが企画し、若者が健康について考える機会をつくりたいという目的で開催したものです。
通常、若者は健康について考えるセミナーなどにはあまり参加しません。そこで、多くの看護師が集合して注目度を高めて、若者の興味を集めたのです。30人の現役看護師が一堂に会するイベントはほかに例がなく、予想通り、大きなインパクトを与えました。

イベント内容を特定のテーマに絞る場合、その領域の専門家を可能な限り多く集めると、それだけでおもしろさが演出できます。

例えば、ソフトウエアのクラウドサービスを提供する企業がマーケティングのセミナーを企画する場合について考えてみましょう。これまでの企画では自社が提供するUI／UX最適化ツールの担当者が、その使い方のノウハウを話していたとします。ここで足し算の方程式を生かし、直接のライバル関係にはない5社のアプリ最適化ツールの担当者が集まる、マーケティング談議をイベントとして企画するとどうでしょう。アプリのマーケティングに興味があるビジネスパーソンなら強い関心を抱くはずです。

組んで変化のおもしろさを引き出す

おもしろさを演出する最後の方法は組むことです。自分たちだけでイベントを開催するのではなく、ほかのコミュニティなどと組んでイベント内容に変化を持たせれば、情報を届ける参加者を増やすこともできます。

「A社×B社」というコラボイベントを例にして考えてみましょう。普段はA社のイベントに参加しているけれど、B社にはなじみのない人が参加すると、A社の存在がフックとなって、結果的にはB社を知ることになります。

共催することで、普段は接触できない参加者がイベントに訪れる可能性があるのです。

組む例1　人材採用サービスのコラボ

左はPeatixが主催した人事担当者向けイベントです。人材採用プラットフォームを提供するビズリーチと外部人材活用サービスのランサーズ、そして業務自動化ツールを提供

組む例1 ● 人材採用サービスのコラボ
同じ業界の3社が組んで登壇（2019年開催）

するBizteXという同業3社がコラボしました。

一見すると、競合する人材関連サービスを提供する3社が組んだようですが、それぞれのサービスを利用する人事担当者が興味を示して、実に150人以上が申し込むイベントになりました。

1社だけだと集客が偏りますが、他社とコラボすることでおもしろさが増し、タッグを組む相手と相互送客できるメリットも生まれます。

参加者の注目を集めるため、「HR TECH BATTLE」という少しあおり気味のタイトルを付けたのも工夫点です。

組む例2 ● イベント主催者たちがコラボ
異なる参加者層を持つイベント主催者が組む（2017年開催）

組む例2 イベント主催者たちがコラボ

Peatixが運営するイベント主催者のためのコミュニティとして、定期的に「イベントサロン」というイベントを開催しています。このイベントサロンと、クリエイティブプロダクションのNAKEDが主催するデジタルアートイベント「TOKYO ART CITY」がタッグを組みました。

イベントサロンは、いつも同じ場所でイベントを開催していましたが、このコラボでは、TOKYO ART CITYが使うアート展示場でイベントを開催しました。イベントサロンの参加者が、普段と違う場所でアート展示とイベントサロンを同時に楽しめたことで、目新しさとおもしろさを演出できました。さらにこれまでイベントサロンに来なかったような人も多く訪れました。
ほかのコミュニティと一緒にイベントを開催すると、普段のコミュニティ活動にも変化を与えられます。この目新しさがおもしろさにつながり、コミュニティに新たな参加者が加わって、新陳代謝が促されるのです。

参加者を増やす集客の公式

イベントの概要を考え、内容を詰めたら、いよいよ集客の開始です。
「企画を立てたはいいが、参加者をどう集めればいいのか」という不安は、多くのコミュニティ運営者が抱くはずです。まずは次の公式を覚えてください。

「トラフィック（イベントページのアクセス数）**」×「申込率」×「参加率」＝「イベント参加人数」**

イベントの告知情報が届く人数、つまりトラフィック（主にイベントページのアクセス数によっ

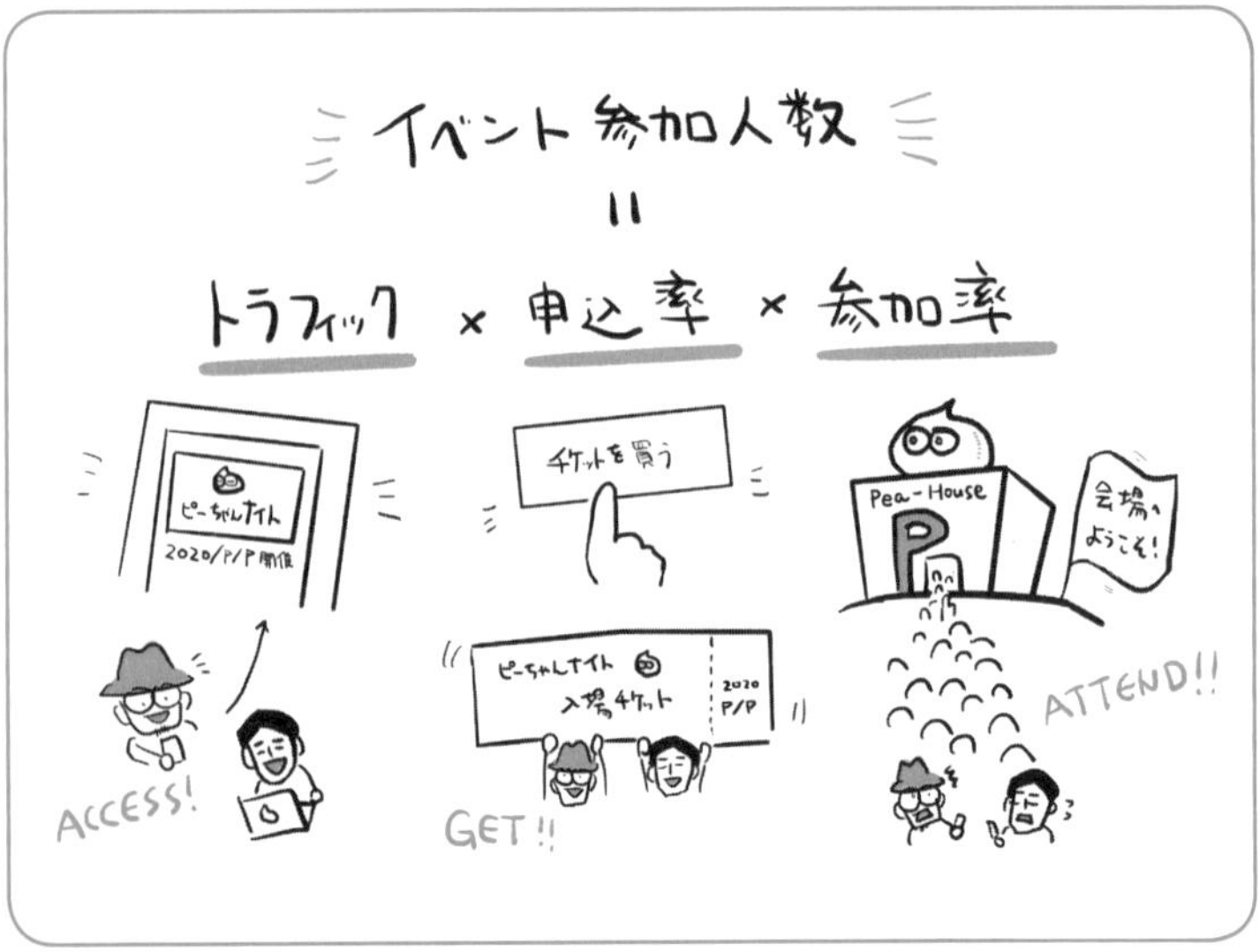

て計測）に、イベント申し込みを決意する比率とイベント当日の参加率を掛けた数が、イベント参加人数です。

例えば、コミュニティに参加する1000人がイベントの情報サイトを閲覧し、そのうち5%が申し込み、申込者の80%が実際にイベントに参加すると、どうなるでしょう。

1000人（トラフィック）×5%（申込率）×80%（参加率）＝40人

公式に当てはめると、40人がイベントに参加する計算になります。

イベントの参加者を増やすには、「トラフィック」「申込率」「参加率」に焦点を絞り、それぞれを最大化させる方法を考えればいいのです。

では、どのようにそれぞれの要素を増やすのでしょうか。

実際にはイベントを告知するタイミングと期間、イベントまでの日数によって実践することは変わります。それぞれの増やし方を解説しましょう。

トラフィックを最大化する工夫

イベントページのアクセスを最大化するには、イベントの前後でアクセス数がどう推移するのかという一般的な傾向を把握することが大切です。

87ページの図3「イベント告知期間とイベント申込件数の推移」を見てください。

これは、Peatixで集客したイベントの、イベントページを公開してから開催当日までの申込件数の推移の平均値をまとめたグラフです。横軸が日数、縦軸が申込件数です。分かりやすいように、これを3つのフェーズで整理しましょう。

ページ作成からイベント当日までの申込推移

・公開期：情報公開日〜1週間
・停滞期：情報公開後2〜4週間目
・加速期：開催日の1週間前〜当日

ポイントは、3つのフェーズでそれぞれ実施すべきアクションが異なるということです。3つのフェーズに合った対策を打ちましょう。

公開期：情報公開日〜1週間

この時期は、コミュニティの参加者や過去に同様のイベントに参加したことのある人など、コミュニティと関係の深い人を中心に、申込総数のおよそ3分の1に当たる35％が申し込みます。

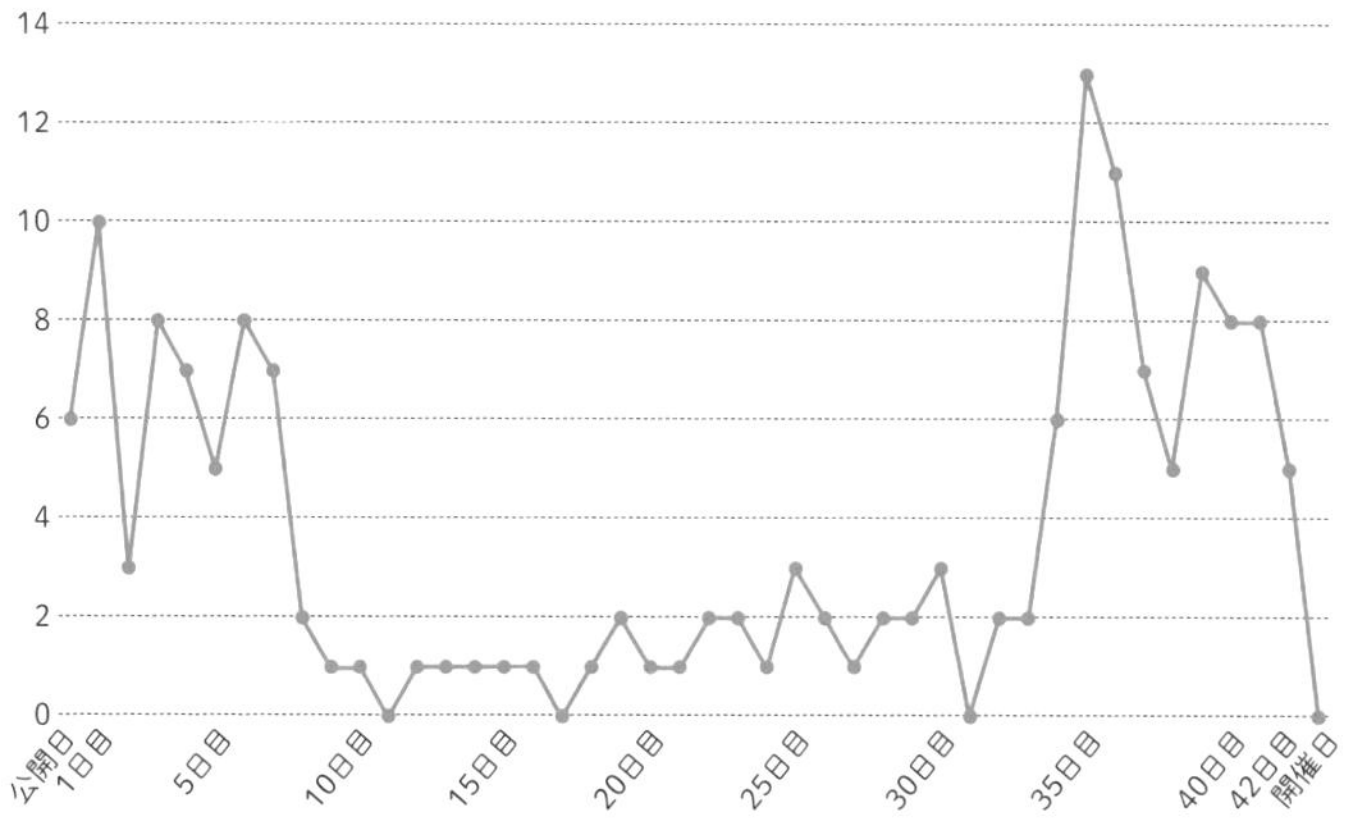

図3 ● イベント告知期間とイベント申込件数の推移
Peatix作成：実際にPeatixで開催した複数のイベントの平均値をグラフ化

イベント当日まで、まだ時間があるこの時期にアプローチすると有効なのは、コミュニティ参加者や過去に同じ主催者が開催したイベントに参加した人、主催者と関係の深い人たちです。

イベント内容に加え、イベント開催に込めた思いをSNSやブログ、メールマガジンなどで発信しましょう。

停滞期：情報公開後2～4週間目

ここはあまり申し込みが入らず、イベントの主催者にとっては胃の痛くなる時期でもあります。経験的に、およそ3週間ほどで申込総数の2割程度しか申し込みは入りません。このことを事前に知っておけば、精神的な余裕もできる

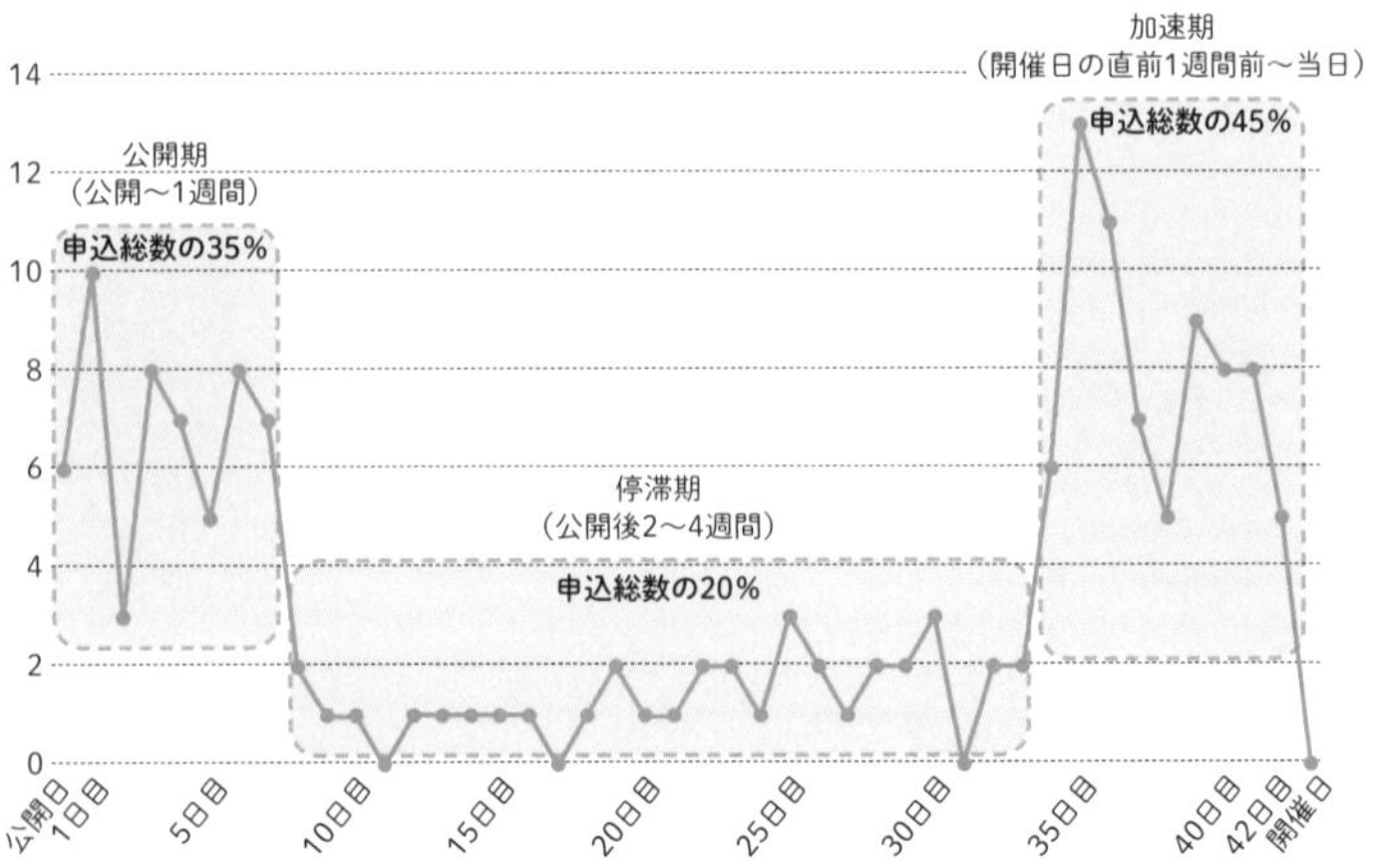

図3-2 ● 告知期間を3フェーズに分けて対策

Peatix作成

はずです。

この時期は、イベント当日のスケジュールがまだ決まっていない人が多く、申し込む決断がしづらいのです。ここで集客活動を繰り返してもそれほど効果は見込めません。

ただし、この時期の対策がとても重要です。停滞期には、参加を検討する人がイベントの存在を忘れないように情報を発信し続けましょう。イベントに興味を持ちそうな人の目に留まる場所で継続的に情報を伝えます。なかなか効果が出づらい時期ですが地道に続けましょう。

具体的には次のような形で週に1、2回はイベントを告知してください。

まずは主催者がイベントの概要を告知します。例えば、イベントの登壇者が決まるたびに「セッションが決定しました！」とＳＮＳやメールなどで細かく発信していきます。セッションや登壇者の情報を詳細に伝えて、イベントが盛り上がるであろうという期待感を演出します。参加を検討する人には魅力的に映ります。

同時に主催者は、イベントに込めた思いをブログなどで発信します。主催者が語った言葉だけでなく、イベントに登壇する人に事前に取材をして記事を書いてもいいでしょう。ほかにも登壇者と事前に打ち合わせをしたことや、イベント当日の食事（ケータリング）やドリンクなどの情報を配信します。周辺情報を詳細に伝えると、イベントの姿が立体的に見え、参加者の期待を高めます。

登壇者に依頼して、イベントに出演することを告知してもらうのも効果的です。主催者以外からイベントの情報が発信されると、一層盛り上がりが伝わりますし、登壇者が持つネットワークを生かして、ファンや知人、友人などにも周知できます。

停滞期だからこそ、参加を検討する人やイベントについて知らない人に情報を届けることは大切です。この時期の動き方次第で全体の集客が大きく変わるので、しっかりと対応していきましょう。

◎加速期：開催日の1週間前〜当日

この期間に、申込総数の半分近くになる45％が参加を決めます。この時期になると、参加を検討する人のイベント当日の予定が決まるので、参加の可否が判断できるようになるのです。ここで一気に集客を加速させましょう。

この時期は、SNSなどを活用して参加を検討する人にイベント情報を届けましょう。

停滞期と同じく、登壇者にイベント情報を伝えてもらうのも一つの手です。主催者が自社の公式アカウントで、登壇者をタグ付けしてイベント情報をSNSに投稿することでより多くの人に情報を届けることができます。

本番が近づくと、コミュニティ運営者はつい当日の準備に意識が向きがちになりますが、トラフィックを最大限に増やす最後の追い込みも抜かりなく実施しましょう。

イベント運営に慣れていないと、イベントの募集開始から当日まで、同じような取り組みばかり続けてしまいがちです。しかし、フェーズに合わせた対策を採用すれば、集客は大きく変わります。

イベントタイトルを工夫して申込率を高める

トラフィックの次は、「申込率」を高める工夫について解説します。

イベントの情報を見た人のうち、何割が実際に申し込むかという「申込率」を最大化するには、イベントページを見た人が興味を持つものになっている必要があります。

イベントページを作成する段階で、魅力的な情報が盛り込まれているかという「内容」から、どうすれば興味を持ってもらえるかという「見た目」にも気を配りましょう。

見た目を考える上で最も大切なのが視認性です。中でも「イベントタイトル」と「イベントのカバー画像」はイベントに申し込むか否かの判断にかなり重要な役割を果たします。

例えば、次のイベントタイトル案を比べてみてください。

A：主催者のための「イベント集客セミナー」

B：［参加無料］イベント集客の達人が教える！なぜあのイベントは人であふれるのか

多くの人は、どちらに興味を持つでしょうか。きっとB案に興味をそそられるはずです。

◎魅力的なイベントタイトル

集客に直結するイベントタイトルをつくるポイントは2つあります。

・イベントの特徴とイメージが伝わる
・スマートフォンでの表示を意識する

イベントの特徴とイメージを伝えるには、何よりもタイトルが大切です。
「何が得られるか」「イベントの雰囲気が楽しそうか」「ワクワク感はあるか」「無料・早割などのお得感があるか」「どんな人が登壇するのか」といったイベントの魅力がひと目で分かるのが理想です。可能な限り、これらの要素を盛り込みましょう。

次のページに、イベントタイトルの良い例をいくつか紹介します。

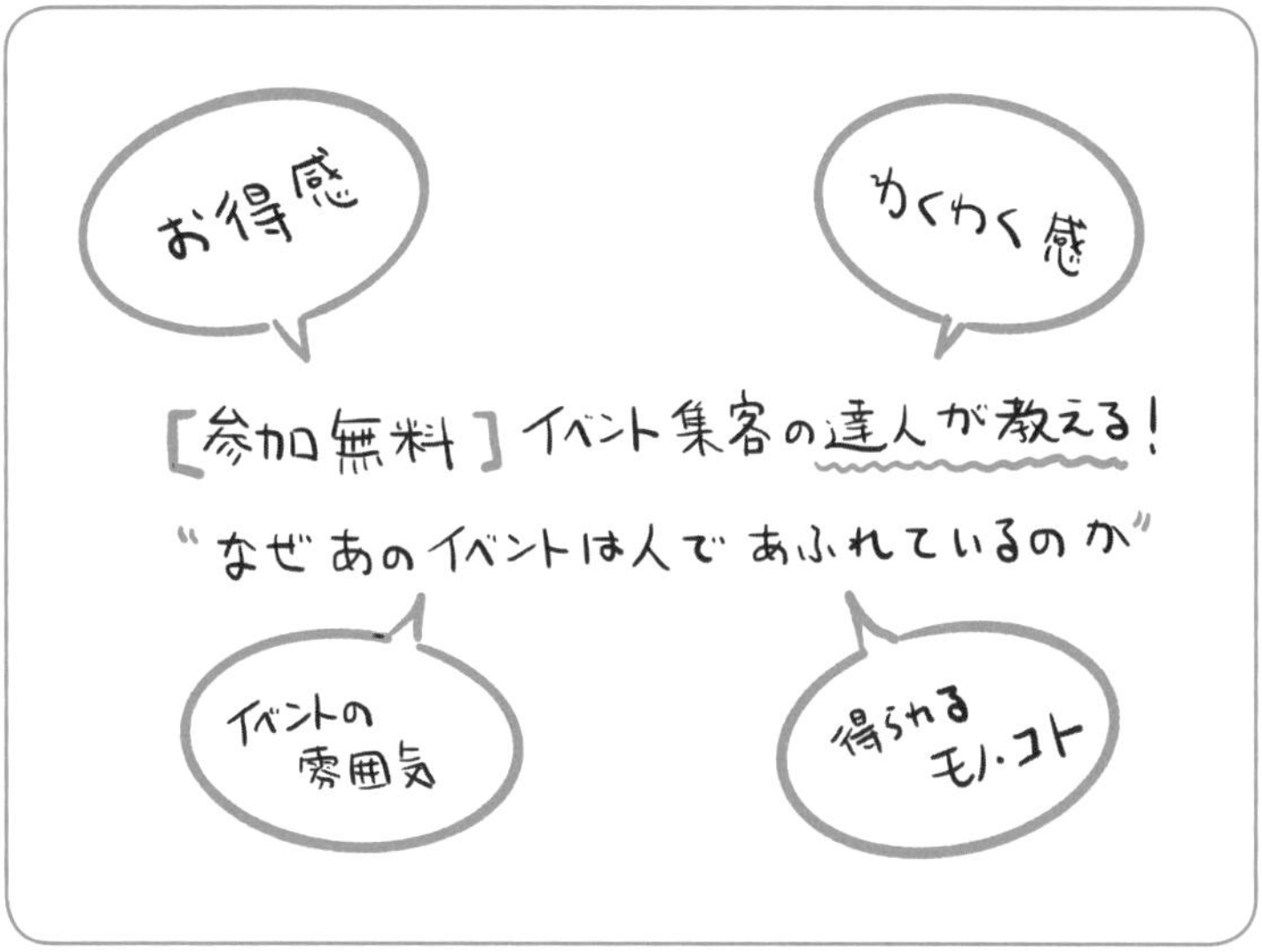

・【無料・緊急オンライントークセッション：3/30 19時スタート】新型コロナショックでコミュニティ・イベントの未来はどうなる!?

・【参加費無料！】『なぜ彼らのイベントには人が集まるのか』人気の学生イベントづくりのプロに聞く！　イベントサロン in 慶應義塾大学

・肉とビールでダイエット!?ナイト　ビール飲み放題・肉メニュー付き　食×健康エンタメ！

・強いカルチャーを醸成する社内広報――企業の変革期を支えたPRパーソンに迫る　PR Table Community #21

・イベント主催者必見！Zoom活用のオンラインイベントのノウハウ公開　トークセッション＆ミニライブ

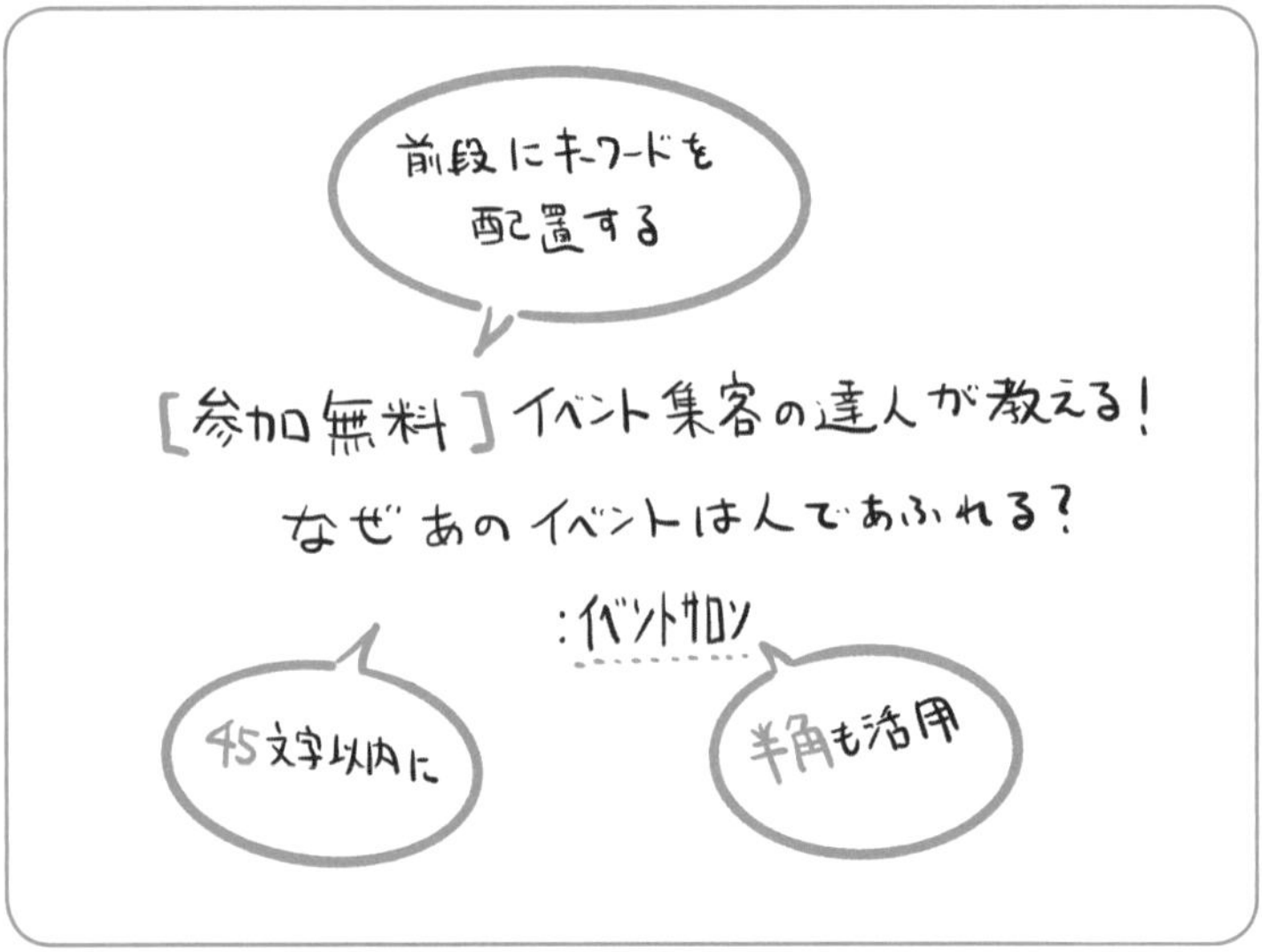
前段にキーワードを配置する
[参加無料]イベント集客の達人が教える！
なぜあのイベントは人であふれる？
:イベントサロン
45文字以内に
半角も活用

スマートフォンでの表示を意識したタイトルにすることも大切です。

スマートフォンは文字数が多くなると後半が表示されません。イベント内容や重要なキーワードはできるだけ前に配置しましょう。イベントのシリーズ名（例えば「シーズン1」「ボリューム3」など）は最後に持ってきます。半角文字も活用して、より多くの情報を盛り込みましょう。

多くの人がスマートフォンでイベント情報を見る時代です。タイトルを告知する前には必ずスマートフォンで表示を確認しましょう。

カバー画像で視覚に訴える

イベントの告知ページの一番上に設定するカ

バー画像のつくり方にも工夫が必要です。

カバー画像は「アイキャッチ」「信頼性」「ワクワク感」という3つの要素を意識しましょう。ただし、イベントと関係のない画像（例えば、マーケティングセミナーなのに海の画像など）だとイベントの内容を想起しづらく、申し込みの促進効果が薄れるので注意しましょう。

カバー画像に入れる情報

・タイトル
・開催日時
・内容が想起できるイラストや画像

セミナーやトークイベントであれば、登壇者の写真を盛り込むと効果的です。どんな人が話すのかが分かると具体的なイメージが湧き、より前向きに検討してもらえるからです。

何かを作るワークショップなら、出来上がった作品や材料などの写真を載せましょう。おいしそうな料理やフラワーアレンジメントといった具体的な写真はアイキャッチになり

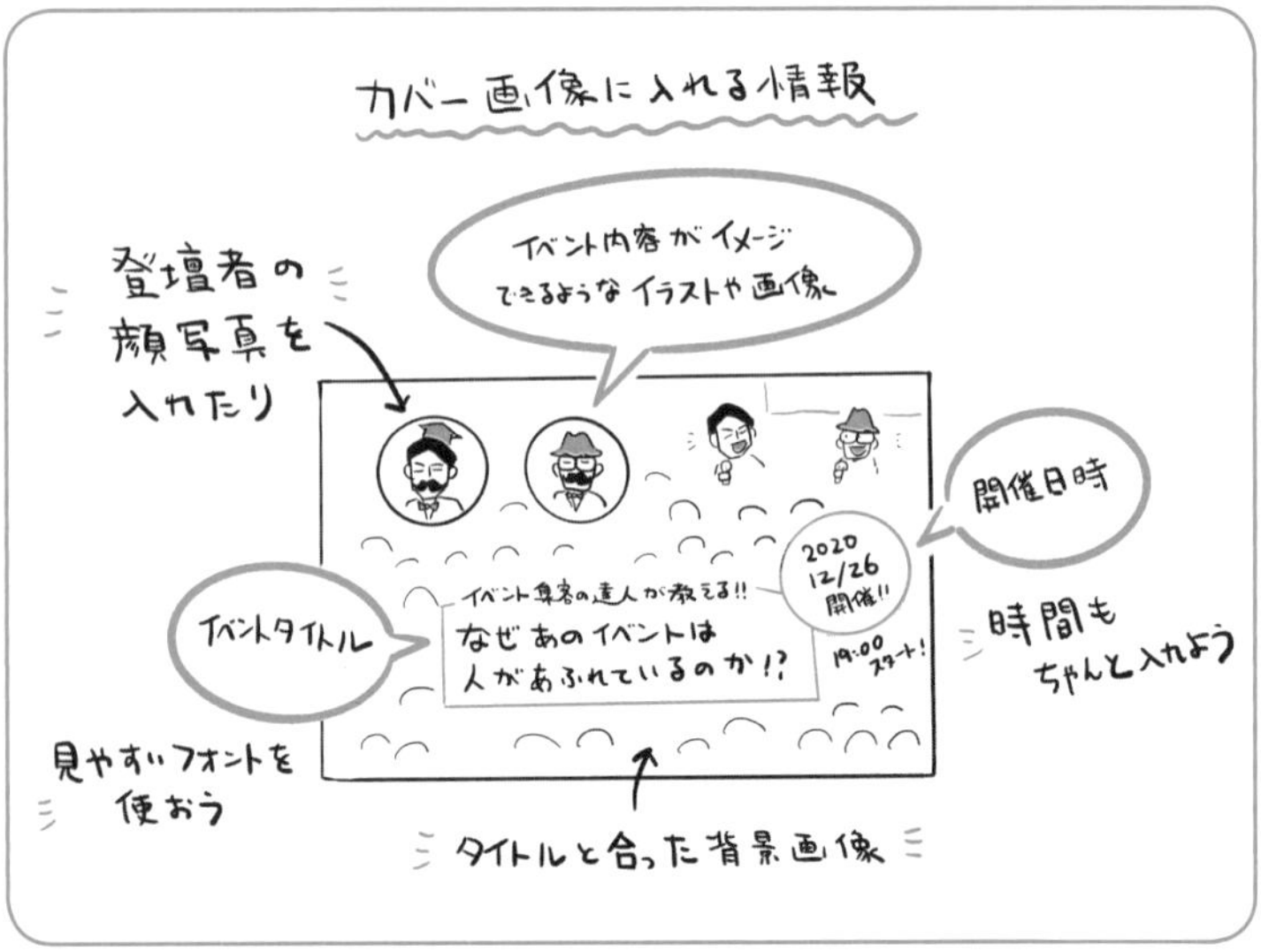
カバー画像に入れる情報
登壇者の顔写真を入れたり
イベント内容がイメージできるようなイラストや画像
開催日時
2020 12/26 開催!!
時間もちゃんと入れよう
イベント集客の達人が教える!!
なぜあのイベントは人があふれているのか!?
19:00スタート!
イベントタイトル
見やすいフォントを使おう
タイトルと合った背景画像

効果的です。

画像処理などに不慣れで、「素敵なカバー画像をつくれない」「デザイナーがいないので無理」と不安に思うかもしれません。

そこで、初心者でも簡単に無料で魅力あるカバー画像をつくる方法を紹介します。

画像の作成を始める前に、まず推奨サイズを確認します。PeatixやFacebookなど、イベントページを掲載するサイトによって、推奨するカバー画像のサイズは異なります。Peatixのカバー画像であれば、推奨サイズは９２０ピクセル×４５０ピクセルです。

グラフィックデザインツール「Canva」を利用する

Canvaは無料で使えるデザインツールです。写真やイラストなど、さまざまなテンプレート画像やフォントが豊富にそろい、簡単にイベントのカバー画像を作成できます。

例えば、Peatix向けのイベントカバー画像を作成するなら、検索窓に「Peatix」と入力すれば推奨サイズに合ったデザインのテンプレートが表示されます。そこから好きなものを選んで画像やテキストを入力すれば、簡単に魅力的なカバー画像ができます。

プレゼンソフトを活用する

PowerPointやKeynoteなど、普段使っているプレゼン用のスライド作成ソフトでもカバー画像をつくれます。スライドをつくる要領で画像やテキストを入力し、完成したスライドを画像として保存すれば出来上がり。非常に簡単です。

参加率を分ける有料と無料の差

改めて、イベント参加人数の公式を振り返りましょう。

「トラフィック」×「申込率」×「参加率」＝「イベント参加人数」

イベントの参加人数を最大化する3要素の最後はイベント当日に会場に足を運ぶ人の割合、すなわち「参加率」を最大化する方法です。

有料と無料の違い

参加人数を増やすにはイベントは有料にするのか無料にするのかと聞かれれば、無料イベントを選ぶはずです。実際に無料イベントの方が申込件数が増える傾向はあります。ただし当日の参加率となると事情が違います。無料のリアルイベントの場合、雨が降るなどのちょっとした理由で参加者が減ってしまうからです。

左ページの図4は、Peatixを利用したイベントデータから抽出した結果です。有料イベ

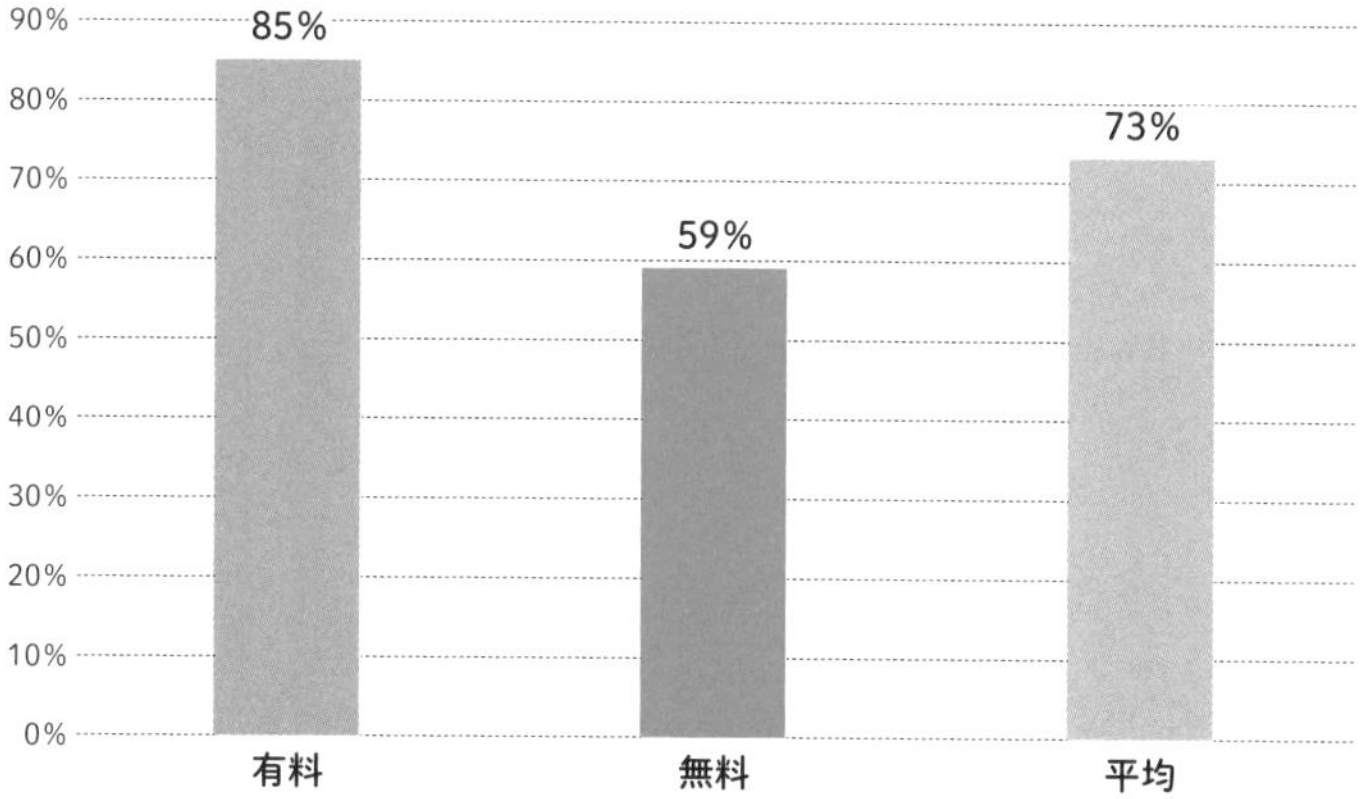

図4 ● 有料イベントと無料イベントの当日参加率の違い
Peatix作成

ントと無料イベントの当日の参加率を比べると、事前に支払いを終えた有料イベントの場合、参加率は85%。これに対して無料イベントは59%にとどまりました。

イベント当日の参加率を重視するなら、有料イベントも検討しましょう。

無料イベントは、水・金を避けよう

100ページの図5では、リアルイベントの曜日ごとの有料、無料の参加率を比べました。

事前に支払いを終えた有料イベントは開催する曜日にかかわらず、参加率は85%前後です。

一方で、無料イベントの場合はばらつきがあります。水曜日と金曜日は参加率が55%と低く

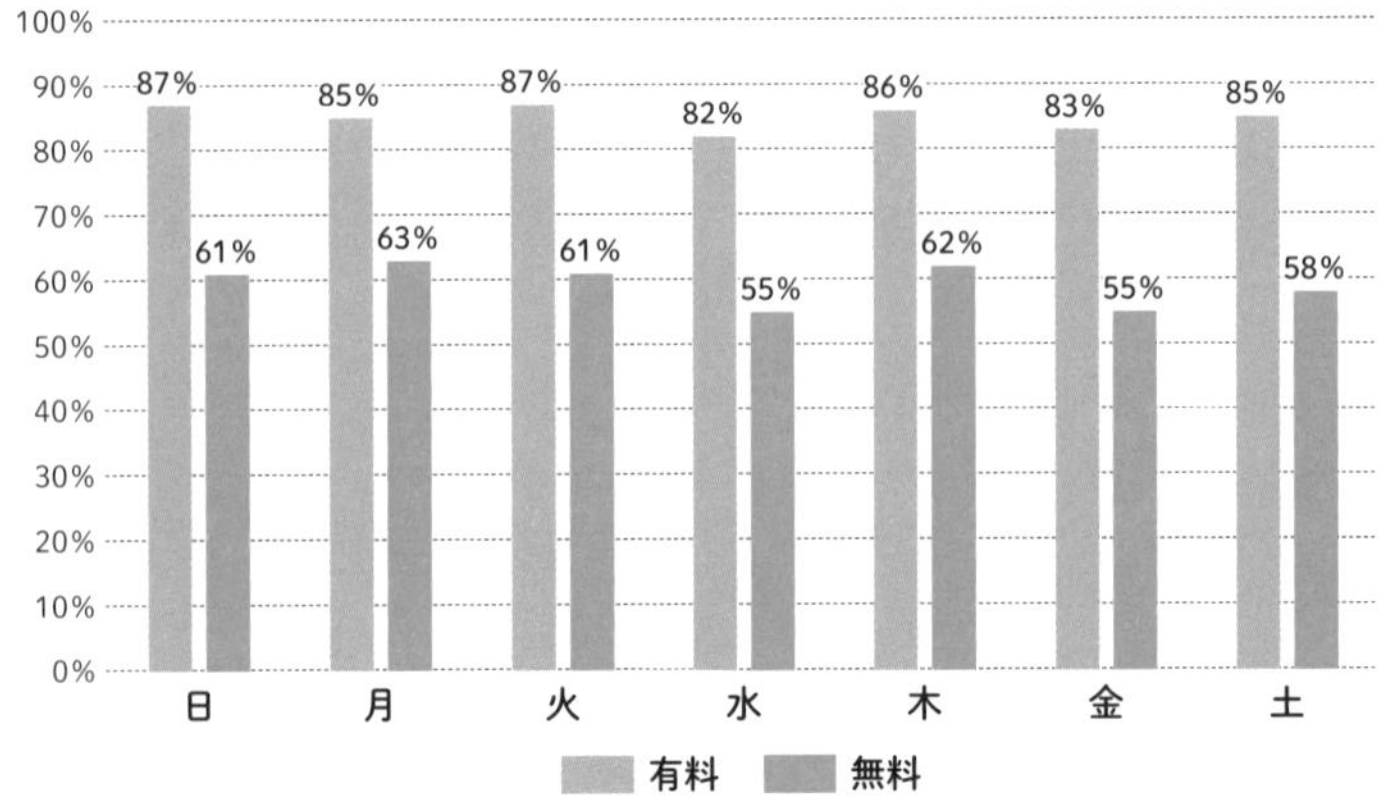

図5 • リアルイベントの曜日ごとの参加率の違い

Peatix作成

なる結果が出ています。

水曜日や金曜日は「ノー残業デー」だったり、「最終営業日」に当たったりして、夕方以降の予定が埋まりやすいのではないかと分析しています。無料イベントは水曜日と金曜日の開催を避けた方がいいでしょう。

無料イベントは開始時刻に注意

左ページの図6ではリアルイベント開始時刻ごとの、参加率の差を示しています。こちらも有料イベントでは開始時刻による参加率の差はそれほどありません。

しかし無料イベントの場合、18時台にスタートすると参加率がかなり下がります。20時以降

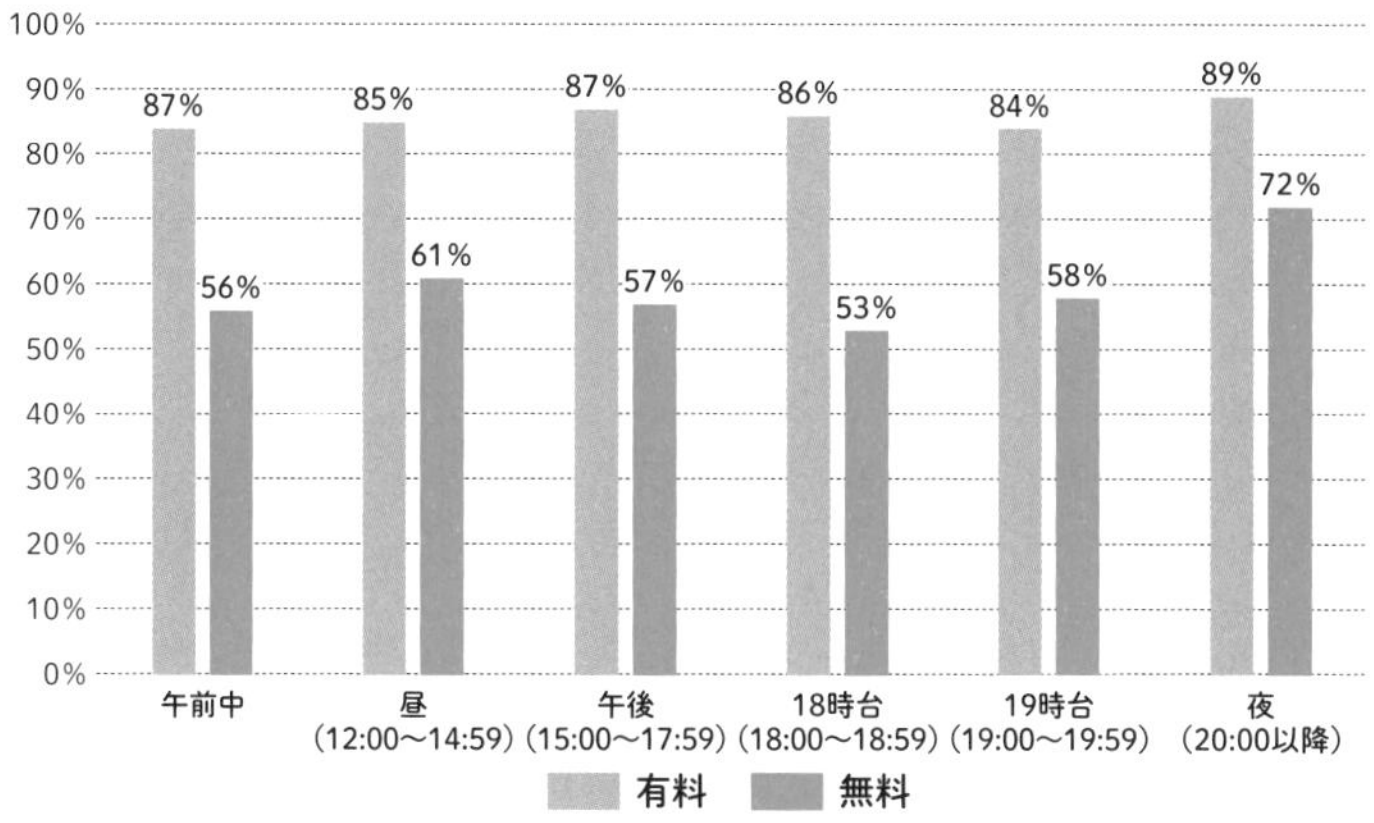

図6 ● リアルイベントの開始時刻ごとの参加率の違い

Peatix作成

にスタートするイベントでは、参加率が上がる傾向にあることが分かります。

イベントの内容や参加者の属性によって、最適な曜日や開始時間は異なります。いろいろなパターンを試しながら、自分の運営するコミュニティに最も合う条件を見つけましょう。

リマインドメールを送ろう

イベント開催日が近づいたら、既に申込済みの人にも「いよいよ明日イベントを開催します。ご来場をお待ちしております！」というリマインドメッセージを送って、参加率を上げましょう。その際、イベント会場へのアクセスや注意事項を記載しておくといいでしょう。

当日の歩留《ぶど》まり（イベント申込総数に対する参加人数の割合）は、集客人数の目標を考える上でも大切な指標です。リマインドメッセージを送らないと、無料イベントの参加率などは、見込みの参加者数に比べて大きく下がることがあります。

なお、あらかじめ参加率を一つの指標にしておくと、当日の来場者数の見通しが立ちやすくなります。例えば無料イベントで、１００人の申し込みがあっても、歩留まり（参加率）が50%なら、当日の参加者は申込総数の半数である50人にとどまります。イベント当日に１００人来てもらいたい場合は、歩留まりなどを考えながら、申込総数を調整する必要があります。歩留まり率を50%で予測し、当日１００人に参加してもらうなら、申込総数は２００人必要です。歩留まりを考慮し、集客の目標人数を設定しましょう。

ここまでコミュニティの熱量を高めるイベントの企画や具体的な集客方法を紹介しました。一つずつ着実に実践していけば、ハードルは高くありません。活用できそうな部分からスタートしてください。

3

イベントの盛り上げ方

この章では、イベントを盛り上げるための当日の動き方、そして最近急増しているオンラインイベントの運営ノウハウについて解説します。

イベントは、コミュニティ参加者が集まることのできる貴重な機会です。この満足度が高ければ、参加者はより熱心にコミュニティ活動に関わるようになります。一方で参加者がイベントにネガティブな印象を持つと、段々とコミュニティから離れてしまいます。ここまでの準備をムダにしないためにも、イベントには万全を期して臨みましょう。

イベントに必要な心理的安全性

イベント当日に注意するのは次の2点です。

- **心理的安全性を高めること**
- **コミュニケーションを大切にすること**

心理的安全性とは、コミュニティの中で人間関係のリスクを感じることなく自分の意見を伝えたり、行動できたりする状態のことです。

イベントでは初対面同士が交流します。傍若無人に振る舞う人や他者への配慮に欠けた人がいれば、心理的安全性が低い状態になります。

もしワークショップで自分の意見を押し通す参加者がいたら、ほかの参加者は発言することを諦めてしまうでしょう。トークセッションでも安心感がなければ、参加者は人前で登壇者に質問しづらくなります。これではイベントは盛り上がりません。

心理的安全性が高いとフラットな人間関係が構築でき、参加者は互いに配慮して発言するようになります。イベントでの人間関係は円滑になり、コミュニティ活動でも参加者が積極的かつ自律的に行動するはずです。

では、イベントで心理的安全性を高めるにはどうすればいいのでしょうか。さまざまな方法がありますが、例えばイベントの開始時に参加者が互いを知ることのできる簡単なワークショップを実施してみましょう。席の近い人同士でイベントに参加した目的を1、2分話し合うだけでも、精神的なハードルはぐんと下がります。

1対n形式やトークセッション形式のイベントでよくあるのが、登壇者が話した後で会

場の参加者に質問を募っても、遠慮して誰も手を挙げないケースです。

大勢の参加者の中で手を挙げて質問することに精神的なハードルを感じるのは、仕方のないことです。

そこで最近では、Slido や Google スプレッドシートといった、参加者が質問や意見を自由に書き込めるウェブサービスを活用して、いつでも自由に質問できるように工夫するケースも増えています。

これらのツールに流れてくる質問を見ながら進行役が随時、登壇者に質問すると、参加者はイベントに参加している意識が強まります。質問が次々に出るようになると心理的安全性が高まり、イベントは盛り上がります。

参加者同士、参加者と主催者、参加者と登壇者、それぞれが交流する時間をしっかりと設けることも大切な要素です。

実際のイベントでは、1対n形式やトークセッション形式の登壇イベントが終わった後で懇親会を開くケースがあります。懇親会以外に、イベントの開始前や休憩時間も、参加者が互いに交流する貴重な機会になります。

ただし、単に交流時間を用意するだけでは、参加者同士の関係は深まりません。参加者もつい一緒に来た人とばかり話したり、スマートフォンを見たりして、知らない人に積極的に話しかけたりはしないからです。

解決策は、**主催者がコミュニケーションのルールを明確に示すことです。**

イベントが始まる前や休憩時間、懇親会には、参加者同士で会話をしてもらいたいことや、コミュニケーションに関するルールを明確に伝えることで、参加者は安心して交流できるようになります。

具体的には、次のような工夫をしてみましょう。

開始前に「名札シール」

受付で参加者にシールを渡し、その場で「名前・所属・イベントに参加する理由」を書いて胸元に貼ってもらいましょう。イベント会場で参加者全員がシールを貼っていれば、懇親会でも会話の糸口がつかみやすくなります。

休憩時間は長めにして雑談を促す

休憩時間は5分ではなく、10分〜15分取りましょう。休憩時間に入る際に、イベント主催者が「登壇者に話しかけましょう」「参加者同士で名刺交換しましょう」と交流を促せば、より会話がしやすくなります。飲料を取りに行ったり、トイレに行ったりするように案内すると、参加者が動きだし、コミュニケーションのきっかけが生まれます。

懇親会で役立つ「パックマンルール」

本書の巻末に収録した「イベントを盛り上げる神ワザ101」でも記載していますが、懇親会では「パックマンルール」が有効です。

これは懇親会で人と話すとき、必ずほかの人が輪に入れるようにスペースを空けておく決まりのこと。数人で輪になって会話をしているとほかの人は入りづらくなります。そうならないように、気軽にいろいろな会話の輪に加わろうという考えで考案されました。

このルールを懇親会が始まる前に主催者が説明し、参加者が積極的にほかの人の輪に入ることを促すのもポイントです。

急増するオンラインイベントの開催方法

新型コロナウイルスの感染拡大によって急激に増えているのがオンラインイベントです。参加者が物理的に集まるリアルイベントが中止になり、多くがオンラインに切り替わりました。当初、イベント主催者は戸惑いながらオンラインイベントを開催していました。一時はリアルなイベントの代替としてのオンライン開催という意識が強かったのですが、そんな認識は変わりつつあります。多くのイベント主催者が、オフラインとは違うオンラインならではの価値を見いだしたのです。

「リアルイベントとオンラインイベントをうまく組み合わせれば、これまで以上にコミュニティを活性化できる」

そういった考え方がじわじわと広がり、新型コロナウイルスによる混乱が落ち着いた後も、オンラインイベントが定着するとみられます。

２０２０年４月７日の緊急事態宣言以降、Peatixのオンラインイベントの公開件数は前年比１００倍以上で推移し（２０２０年５月時点）、２０２０年の４月と５月で比較しても、週当たりのオンラインイベント公開件数は１・６倍以上増えました。

とはいえ、オンラインイベントの開催にまだ不慣れな人も多いでしょう。ここからは、立ち上げ方から開催方法までを詳しく解説します。

オンラインイベントは大きく2種類あります。

一つは、リアルイベント併用型。イベント会場で実際に開催されている内容をオンラインでもリアルタイムで中継するタイプです。地方に住む人、仕事や子育て、健康上の都合でイベント会場に足を運ぶことのできない人も参加できるのが、大きなメリットです。

もう一つは、オンライン完結型です。イベント会場などでの同時開催はなく、完全にオンライン配信だけで完結するタイプです。登壇者のトークセッションを一方的に中継する形式やウェブ会議サービスのZoomやGoogle hangoutなどを活用して参加者と相互にコミュニケーションする方法もあります。

ただ、リアルイベントもオンラインイベントも、目指すゴールは変わりません。すなわち、コミュニティ参加者との交流を深め、コミュニティ活動に共感してくれる協力者を見つけることに尽きます。

リアルイベントは、主催者の熱量が参加者にしっかりと伝わります。会場に足を運ぶことのできる参加者の数には限りがありますが、コミュニティ参加者との交流を深めたい場合はリアルイベントがオススメです。

オンラインイベントは、リアルイベントほどの熱量は伝わりにくいけれど、より多くの人が参加しやすいというメリットがあります。リアルイベント以上に、オンラインイベントはＳＮＳで拡散されやすい傾向もあります。クリック一つで気軽に参加できるので、コミュニティのビジョンをいろいろな人に広めることができるのです。波及範囲が広いほど、コミュニティ活動に興味を示す人が増え、新たにコミュニティのメンバーとなり得る人が増えるのです。コミュニティ活動に共感する協力者を多く見つけたいときにはオンラインの方が効果的です。

無料でオンラインイベントの動画を配信

最近では、特別な設備がなくても無料で簡単にイベントを中継できるサービスが登場しています。

イベント運営者はもちろん、参加者もインターネットに常時接続できる環境であることが大前提ですが、参加者は会場に足を運ばずにイベントを楽しめます。

ただし通信環境や機材の状況によって配信できなかったり、視聴できなかったりするリスクもあるので、不測の事態が起こった場合に、どう対応するのか整理しておくと、当日の混乱を最小限に抑えることができます。

無料で使えるオンライン配信サービス

オンラインイベントで利用できる代表的な配信サービスには、次のようなものがあります（2020年4月時点）。

・Facebookライブ
・YouTubeライブ
・Twitterライブ（Periscope）
・Zoom（無料版だと参加者3人以上のグループミーティングは最大40分まで）
・StreamYard（有料版なら、Facebookライブ、YouTubeライブ、Periscopeなどの複数サービスに同時配信可能）

オンラインイベント開催までの流れ

オンラインイベントを開催するには、どんな準備が必要なのでしょうか。ここからはオンラインイベントを開催するまでの大まかな流れについて解説します。

なお、オンラインイベントにはヨガや筋トレといったフィットネス形式や教育、音楽、アート、フードといったカルチャースクール形式など、さまざまなスタイルがあります。

本書では、ビジネス関連のオンラインイベントに絞って進め方をまとめます。オンラインイベントは、次のようなステップで立ち上げます。

①形式と配信ツールを決める
②内容を決める（コンテンツ、登壇者、構成要素など）
③イベントの告知ページを作成して集客
④参加者に視聴方法を連絡
⑤オンライン配信の環境テスト
⑥イベント本番

全体の流れは、本書でこれまで紹介したリアルイベントとさほど変わりはありません。これにイベントの構成要素や参加者への視聴方法の連絡、登壇者を含めたオンライン配信の環境テストが必要になるなど、オンラインイベント独特のプロセスが発生します。

一見、複雑に見えますが、③以降の工程は純粋に手を動かせばいいものが中心です。リアルなイベントと異なり、オンラインイベントらしさを生かそうとすると、知恵を絞るのは、①の形式と②の内容（コンテンツ、登壇者、構成要素など）の2つだけです。

オンラインイベントが盛り上がれば、参加者は当事者意識を持ち、自分事にして楽しめます。一方でイベントがおもしろくなければ、参加者はすぐに飽きて離脱してしまいます。

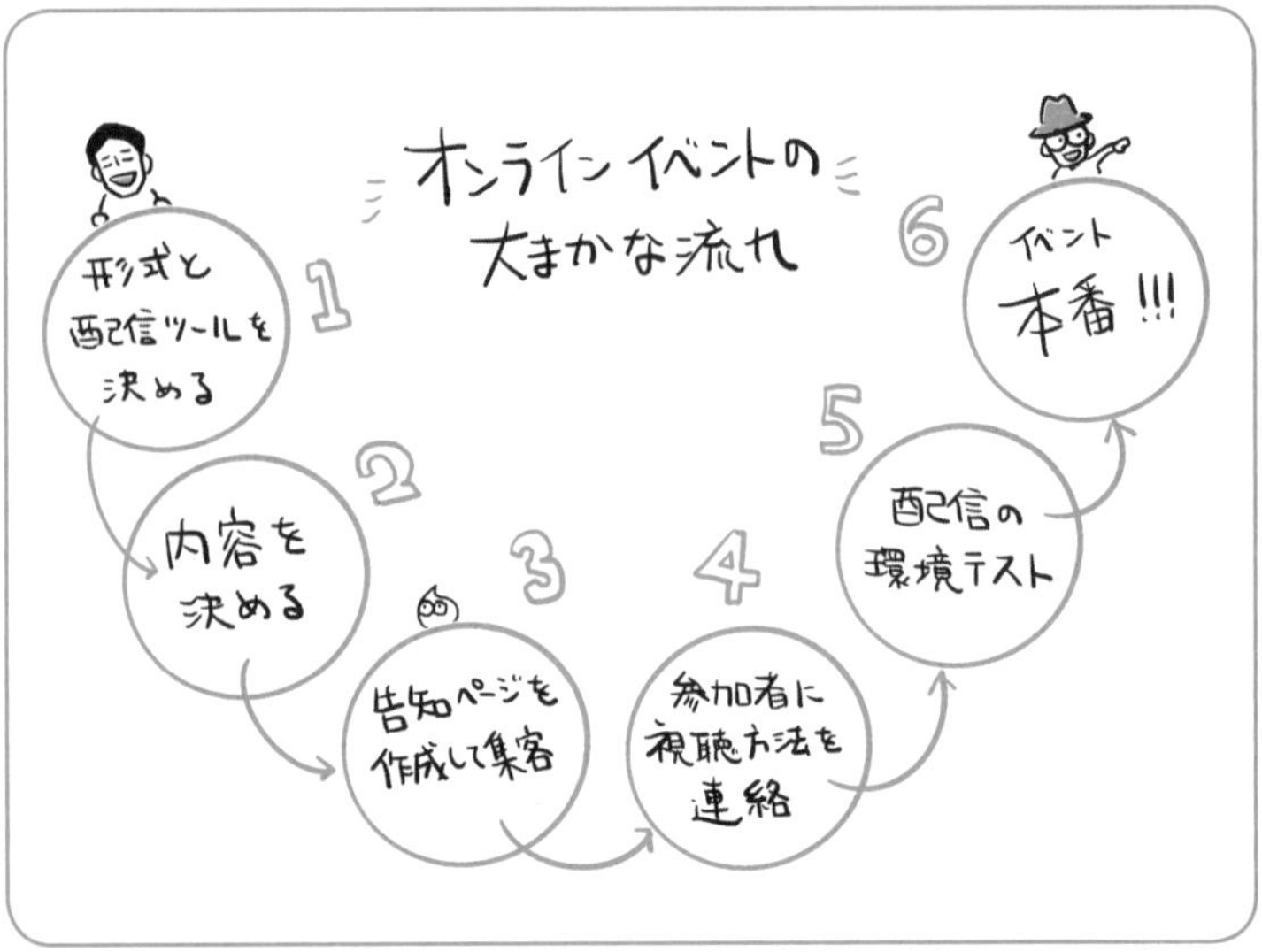
オンラインイベントの大まかな流れ
1
形式と配信ツールを決める
2
内容を決める
3
告知ページを作成して集客
4
参加者に視聴方法を連絡
5
配信の環境テスト
6
イベント本番!!!

リアルなイベントと違って、オンラインイベントの参加者は、ディスプレイ越しに視聴しています。パソコンでイベントを見ながら、スマートフォンでSNSをチェックしたり、食事をしたり、家族と話したり……。

オンラインイベントは「ながら参加」する人が圧倒的に多く、おもしろくなければすぐに離れてしまいます。

ですから、ディスプレイの向こうにいる参加者の注意を常に引き付けておく必要があるのです。その意味では、オンラインイベントではリアルイベント以上におもしろさが求められます。

大切なのは、実際にイベントに参加しているという実感です。登壇者と参加者が一緒に議論し、楽しんでいるという没入感を生み出す仕掛けが必須になります。難しそうに感じますが、実はちょっとした工夫でイベントを自分事化できるのです。

オンラインイベントの形式

オンラインイベントには4つの形式があります。イベントの規模や目的に合わせて、最も合う形式を選びましょう。それぞれの特徴をまとめました。

ウェビナー形式

ウェビナーは、インターネット上で配信するセミナーのこと。申込者だけが視聴できるプライベートな配信形態です。これまではセミナーや授業など、講師が生徒に一方的に授業などを配信するケースが多かったのですが、最近は生徒が質問ができる双方向型のウェビナーも増えています。

形式	特徴	推奨規模
ウェビナー形式	セミナーや授業など、一方通行で情報発信するのに向く	10人〜
ライブストリーミング形式	イベントをリアルタイムに配信し、コメント機能などで参加者もイベントに加わる	人数制限なし
アーカイブ配信形式	録画された映像や音声コンテンツを配信し、参加者が好きな時間に視聴する	人数制限なし
オンラインミーティング形式	登壇者と参加者が相互にコミュニケーションできる双方向なスタイル	10人〜30人

図7 • オンラインイベントの4つの形式
Peatix作成

ライブストリーミング形式

インターネットで映像や音声をリアルタイムに配信する形式のこと。ウェビナーと比べると、より多くの人に届けることができ、リアルタイム配信とインターネットの強みを組み合わせられるのがメリットです。

配信サービス上で、参加者もコメント欄に質問や感想を書き込むと一体感を生み出せます。最近ではライブストリーミング形式のオンラインイベントが急増しています。

アーカイブ配信形式

事前に録画した映像や音声、ライブストリーミングで配信したものを後日配信するスタイルです。ウェビナーやライブストリーミングと同じように楽しめるものの、録画コンテンツのため、リアルタイムでの双方向のやりとりはありません。イベント開催時間に縛《しば》られることがないため、より多くの人に届けることができます。

オンラインミーティング形式

プライベートかつ双方向にオンライン上でやりとりするスタイルです。イベント参加者は互いに会話ができます。多くの人が参加している場合はいくつかのグループに分かれるなど、会話が成立する人数で開催するのがベストです。

配信サービスを使い分けよう

オンラインイベントの形式を決めたら、次はその形式に合った配信サービスを選びましよう。

オンラインイベントの配信に有効なサービスを、それぞれの特徴も踏まえて紹介します。**Zoomは、YouTubeライブやFacebookライブ、Twitterライブと組み合わせて利用することができます。**例えば、5人が登壇するオンラインイベントの場合、登壇者はそれぞれZoomのミーティングルームに入って話し合います。この様子をYouTubeライブやFacebookライブなどで配信できるのです。

参加者は視聴しながら、登壇者に質問やコメントを入れることもできます。登壇者が話しているのを見るだけでなく、双方向の交流ができるのです。

StreamYardを活用すると、YouTubeライブとFacebookライブに同時に配信することもできます。より多くの人に視聴してもらいたい場合や、画面にロゴを出すなどの工夫をしたい場合は、StreamYardを検討しましょう（複数同時配信・カスタマイズは有料版）。

どのサービスを利用するかは、コミュニティの参加者が多く使っているサービスを考慮して決めましょう。例えば、Facebook利用者が多いならFacebookライブを使うという具合です。またFacebookライブやTwitterライブ、Instagramライブを使う場合、自社の公式アカウントのフォロワーに拡散できるので、より多くの人に視聴してもらえる可能性が

サービス	特徴	合うイベント形式
Zoom	参加者と登壇者が相互にコミュニケーションできる	ウェビナー、ライブストリーミング、アーカイブ配信、オンラインミーティング
YouTubeライブ	参加者はアカウントなしでもイベントを視聴できる。コメント機能もある	ライブストリーミング、アーカイブ配信
Facebookライブ	Facebookのタイムライン上でイベントの告知が可能。簡単に配信でき、コメント機能もある	ライブストリーミング、アーカイブ配信
Twitterライブ（Periscope）	Twitterのタイムライン上でイベントの告知が可能。簡単に配信ができ、コメント機能もある	ライブストリーミング、アーカイブ配信
Instagramライブ	Instagramのタイムライン上でイベントの告知が可能。簡単に配信でき、コメント機能もある	ライブストリーミング、アーカイブ配信
StreamYard	無料版だと1つ、有料版だと複数の配信サービスに同時に配信可能。複数の登壇者が出演でき、細かいカスタマイズにも対応	ライブストリーミング、アーカイブ配信

図8 • オンラインイベントの主な配信ツール

Peatix作成

※配信動画の商用利用の可否やその他詳細については、各サービスの規約をご確認ください。

高まります。

イベントの申込者に絞って配信する場合は、Zoomを利用し、配信URLを申込者だけに通知します。Facebookライブの場合は秘密のグループで配信、Twitterライブは相互フォロー関係にある人だけを招待する形で配信することができます。

参加者がオンラインイベントを視聴するために、そのサービスのアカウントを持つ必要があるのかも確認し、事前に通知するようにしましょう。

リアルと勝手が違うオンラインイベント

オンラインイベントをリアルイベントと同じように考える人も多いかもしれません。しかし登壇者や参加者とコミュニケーションを取る方法や進行スタイル、質問の集め方など、リアルとオンラインでは異なるところがたくさんあります。

イベントをオンラインで開催すると決めたら、その内容もオンラインに合わせたものにしなくてはなりません。考えるのは、次の5つのポイントです。

・登壇者の出演場所（登壇者は同じ会場に集まるのか、オンライン上から参加するのか）
・参加形式（参加者は配信動画を視聴するだけなのか、相互交流できるのか）
・進行スタイル（どのような形でイベントを進行するか）
・質疑応答の有無（登壇者が参加者からの質問を受けるのか）
・懇親会の有無（オンラインでも懇親会の時間を設けるのか）

登壇者を一つの会場に集めるなら、オンライン配信の環境が整った場所を確保し、カメラの台数やマイクの本数も事前にチェックしておきましょう。マイクは、基本的に登壇する人数分を用意することをオススメします。

あらかじめ登壇者の座り順を決め、カメラ写りも確認しておきましょう。登壇人数が多い場合はカメラは複数台用意し、画面を切り替えながら配信するといいでしょう。

オンラインイベントでは途中から視聴する人も多く、登壇者の名前が分からずに、会話に取り残されることもあります。特定の登壇者をクローズアップした際には、その人の名前や肩書きが伝わるよう、大きな文字で書かれた名札を用意するといいでしょう。

登壇者がそれぞれの場所からオンラインで参加する場合も、通信環境を事前に確認しましょう。Zoomは多少、通信が不安定になっても切れないのがメリットです。ただし無料版は利用時間や参加人数が限られるので注意しましょう。

オンラインイベント当日は、主催者や登壇者は本番の20分～30分前にはオンライン上で集まり、通信環境や音声、映像を確認しましょう。映像がうまく入らない場合、登壇者には静止画としてプロフィール写真を設定してもらいます。音声が小さい場合は設定を確認し、マイクに口を近づけて大きな声で話してもらうなどの工夫をしましょう。

参加者と登壇者を交流させるには

イベントを配信するだけなら、さまざまなサービスの中からコミュニティの参加者が多く使っているものを選べばいいでしょう。サービスによっては視聴するために、アカウントを作成してログインする必要のあるものもあります。YouTubeライブは参加者がアカウントをつくらなくてもURLをクリックするだけで視聴できます（コメントを入力するにはアカウントが必要）。多くのサービスでは参加者がイベントを視聴しながら、随時コメントを投稿できる機能があります。その場合はイベント登壇者と参加者の間で、双方向の交流ができるようになります。

イベントの登壇者と参加者が、音声で相互にコミュニケーションを取る場合、ウェブ会議サービスのZoomやGoogle hangout、Microsoft Teamsなどが向いています。またZoomの「ブレイクアウトルーム」という機能を使えば、参加者を特定のグループに分け、グループ内で個別に会話できるようになります。まるでリアルイベントで近くに座った参加者同士がコミュニケーションを取るように、オンラインイベントでも話せるのです。主催者は各グループに自由に出入りできるので、オンライン上でワークショップを開催し、進行役としてそれぞれのグループに加わることも可能です。

気を付けたいのは、参加者が話のできる環境でオンラインイベントに加わる場合、参加側の音声がイベントの妨げになるケースがあることです。例えば、参加者が自宅でオンラインイベントを見ていると、子供の声や犬の鳴き声を拾うことがあります。登壇者が話している間は、参加者の音声をミュート（消音）するなど、イベントの進行に差し障らないようにする工夫が必要です。

オンラインイベントでも参加者を巻き込もう

オンラインイベントはリアルなイベントと異なり、参加者の反応が分かりづらいというデメリットがあります。そのため、どのように進行するのか事前に考えることが大切です。

オンラインイベントに有効な工夫は2つあります。

まずは、参加者のニーズに徹底的に応えること。**参加者の反応が分かりづらい分、「参加者が何を求めているか」を事前に調べておきましょう。**申込時にアンケートなどで「知りたいこと」「聞きたいこと」を記入してもらい、登壇者に情報共有するのがオススメです。参加者のニーズに合った話ができるので満足度が高まり、より集中して話を聞いてもらえます。

もう一つは、参加者をどう巻き込むのか事前に考えておくことです。登壇者のトーク中心で進める場合でも、リアルタイムで参加者にコメントを投稿してもらい、それを拾ったり、Twitterの「#（ハッシュタグ）」を事前に決めて共有し、つぶやきを促したりと、参加者を巻き込む方法を事前に決めておくのです。

オンラインイベントの場合、ディスプレイの向こう側で、参加者は食事をしたり、テレ

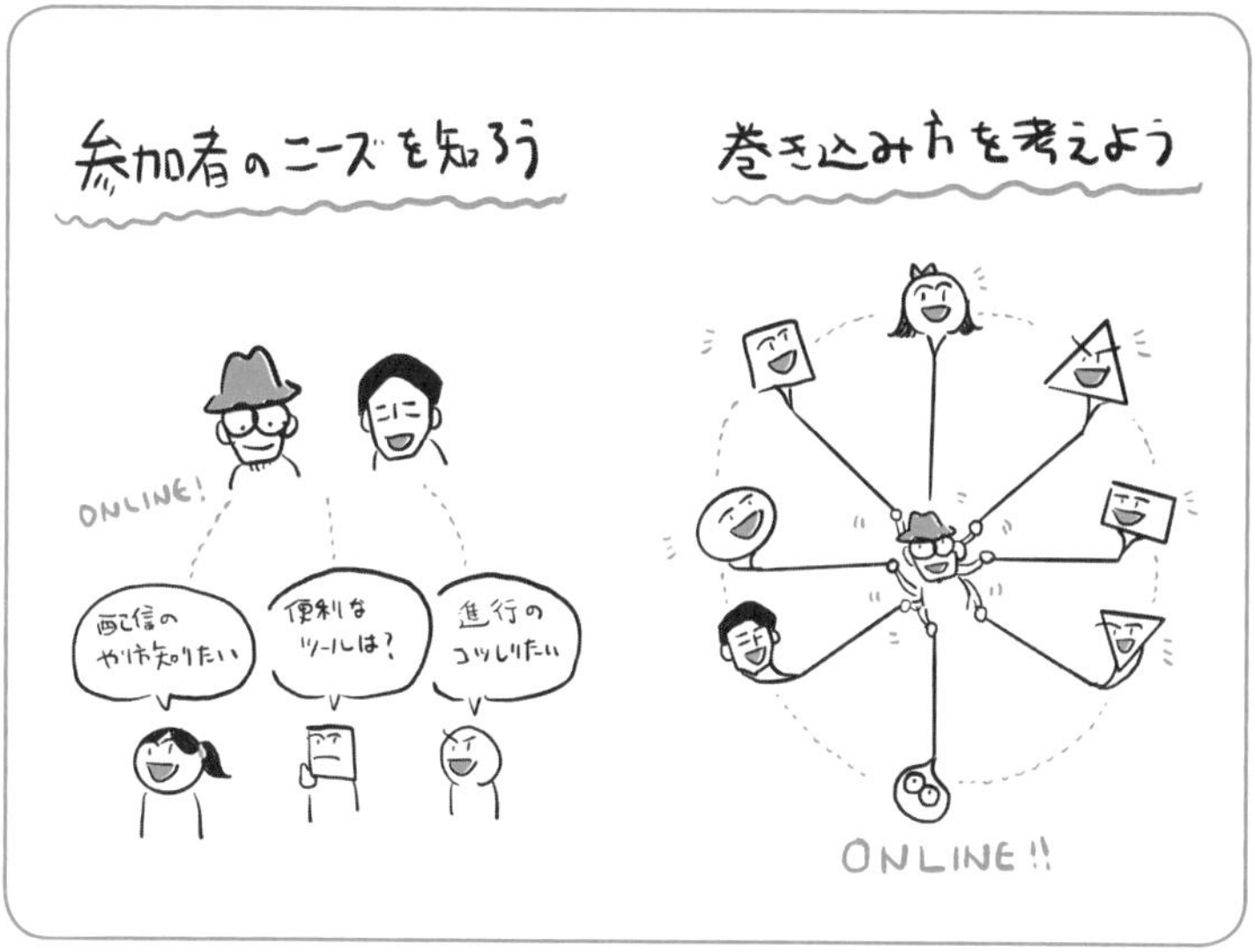
参加者のニーズを知ろう
ONLINE!
配信のやり方知りたい
便利なツールは?
進行のコツしりたい
巻き込み方を考えよう
ONLINE!!

ビを観たり、子供と遊んだりしながら、イベントに参加しているケースが少なくありません。だからこそ、参加者を巻き込むことが大切です。

2時間のオンラインイベントをYouTubeライブで配信する場合、開始当初から1時間もたたないうちに参加者の半数が視聴をやめたり、同時に別のことをしたりする「ながら視聴」になっていきます。ほかのオンラインイベントを同時に視聴する参加者もいます。

これまでの経験では、75分間のオンラインイベントでは、開始から30分~40分で最高視聴数に達し、50分を過ぎたころから視聴数が減っていきました。そして1時間が経過したころには、最高視聴数の6割くらいに減ったのです。参加者との距離がある分、リアルイベント以上に参加者を巻き込む工夫が必要なのです。

積極的に参加者の質問に答えよう

オンラインイベントで参加者の質問を受け付ける場合は、その方法を事前に決めておきましょう。主に3つの方法があります。

まずは、事前アンケートで質問を募る方法です。 例えば、Peatixではイベントの申込時にアンケートを集めることができます。当日、登壇者に聞きたいことを事前に記入してもらい、本番ではその中から回答していきます。

2つ目は、配信サービスにあるコメント機能を使う方法です。 オンラインイベントの配信サービスの中には、参加者がリアルタイムでコメントを入力できるものもあります。当日、コメント機能から質問するように声をかければ、比較的気軽に投稿してくれます。

3つ目は、質疑応答用のサービスを使う方法です。 Slidoなど、質疑応答向けの専用サービスを使って参加者の声を集めたり、その場で投票したりすることもできます。Googleスプレッドシートに質疑応答用のページを作成して質問を記入してもらう方法もあります。

専用ツールを使って質問を集める場合は、SlidoやGoogleスプレッドシートのアクセス方法を明示し、質問を記入するようにイベント中に何度も声をかけることが大切です。

オンライン飲み会の要領で懇親会を

オンライン上でもリアルイベントのように懇親会を開催できます。ZoomやGoogle hangoutなどのウェブ会議サービスを利用し、専用のミーティングルームにアクセスしてもらうことで、バーチャル懇親会が開催できるのです。飲み物や食べ物は各自で用意し、画面の向こう側で自由に飲食します。Zoomを使った「Zoom飲み会」を実施する人も増えていますが、同じような要領で懇親会を開けばいいのです。

ただし参加人数が多すぎると、コミュニケーションを取りづらくなります。同時に話せるのは10人程度が限界です。それよりも大人数の場合はZoomのブレイクアウトルーム機能を利用し、参加者を5人~8人ずつのグループに分けて交流するといいでしょう。

オンラインの場合、難しくなるのが退出するタイミングです。オンライン懇親会でも、遠慮せずに出入りできることを参加者に伝えましょう。

オンライン懇親会は、時間や場所の制約がないため、つい長引いてしまいます。退出しづらい雰囲気があると、参加者は長時間拘束されることになるので、自由に出入りできるよう、主催者は1時間ごとに中締めをして、参加者全員にオンライン上の部屋から一度、退出してもらいましょう。その後、継続して参加したい人だけ部屋に入り直してもらうのです。

リアルな懇親会だと、10人が同じテーマで話すことはなく、近くにいる数人で会話しています。しかしオンライン懇親会だと、主催者がブレイクアウトルーム機能などを活用して参加者を数人ずつのグループに分けない限り、参加者は全員で話さなくてはなりません。**懇親会でも主催者がある程度、進行役を担い、リアルな懇親会以上に共通の話題づくりや飽きない工夫が必要になります。**

参加者の興味を捉え続けられるかが成功のカギ

繰り返しますが、オンラインイベントには参加者の反応が分かりづらいというデメリットがあります。参加者にイベント内容に集中し続けてもらうのは簡単ではありません。

リアルなイベントよりも簡単に実施できる半面、参加者の興味を引き続け、満足度を上げるためのハードルは高いのです。**参加者にいかに自分事として加わってもらうかが、オンラインイベントを成功させるためには必要なのです。**具体的な方法を伝授しましょう。

出演者の登場シーンをつくる

オンラインイベントでは、参加者がリアクションしやすいきっかけを、細かくつくることが重要です。例えばZoomなどのウェブ会議サービスでは、登壇者の登場シーンを演出することができます。最初は進行役だけが顔を出していて、登壇者が現れるタイミングでカメラをオンにしてもらうのです。パッと登壇者の顔が出て、登場シーンをドラマチックに演出できます。

仕組みは単純ですが、登壇者の登場シーンに参加者が「拍手」というアクションをするきっかけが生まれます。進行役が「コメント欄で拍手を入れてください」と促せば、登壇者を呼び込むたびに参加者から「👏」「88（拍手の略）」などというメッセージが投稿されるようになり、盛り上がります。

参加者が画面の前で拍手をしたり、つっこみを入れたりするきっかけをちりばめることが、登壇者と参加者の距離を縮めます。

参加者の質問やコメントを拾う

参加者を巻き込むなら、質問やコメントを丁寧に拾うことも効果的です。YouTubeライブやFacebookライブ、Twitterライブには、視聴者がコメントを書き込む機能があります。登壇者がオンラインイベントに顔を出したところでコメントを投稿してもらったり、ハッシュタグを伝えてSNSに投稿してもらったりすると、心理的なハードルが下がります。

イベント中、コメント欄に相づちや質問が次々に入ればベストでしょう。進行役は参加者の質問をできる限り取り上げて話題に出したり、登壇者に投げかけたりしましょう。

オンラインイベントで、登壇者と参加者が掛け合う様子はラジオ番組に似ています。ラジオDJのように事前に投稿を集めたり、その場で投稿を促したりして、一緒にイベントを盛り上げていきましょう。

参加者の活動を促す

参加者がイベント中、自発的に活動できる空気を生み出しましょう。例えば、参加者の中にグラフィックレコーディング（グラレコ）ができる人がいるなら、イベント内容のグラレコを描いてシェアしてもらうと、参加者も一緒にイベントをつくっているように感じられて一体感が高まります。参加者が個別のチャットルームをつくり、イベントを見ながら、副音声のようにチャットをすると、さらに盛り上がります。

参加者が自発的にイベントを盛り上げるようになると、コミュニティそのものの一体感も強くなります。参加者の自発的な活動を誘発する進行を心がけ、参加者がイベントを自分事として捉えられるようにしましょう。

◎人間味のあるトーク

オンラインイベントだからこそ、登壇者の個性を引き出す進行が重要になります。登壇者の個性が際立つほど、参加者のコメントも増えます。

せっかくオンラインイベントを開催するなら、独自の取り組みに挑戦してもいいでしょう。例えばZoomを使う場合、背景を好きな画像に差し替えることができます。登壇者の背景を、その人のゆかりのあるものに差し替えてもらうのも一興です。お気に入りの場所や好きな画像など、事前にテーマを決めて背景画像を用意しても話が広がります。ひょんなところから登壇者の意外なエピソードを引き出すことができるはずです。

オンラインワークショップ

オンラインイベントでワークショップは不可能と思うかもしれませんが、ツールを組み合わせれば可能になります。

Miroというウェブホワイトボードのサービスを活用すると、オンライン上でも参加者が付箋にアイデアを書き込み、互いに共有することができます。人数の多いイベントではZoomのブレイクアウトルーム機能を使うことで、5人~8人の小さなグループをつくれるようになります。

進行役は、各グループに自由に出入りできますが、リアルイベントのように全体を俯瞰《ふかん》して見渡せません。ですからいつも以上に丁寧に説明し、取り残される参加者が出ないように配慮しましょう。スタッフの人数が足りるなら、各ブレイクアウトルームに一人ずつ配置すると、参加者は安心してワークショップに取り組めるはずです。

ゲーム性を持たせる

「ながら参加」が増えるオンラインイベントで、参加者の興味を維持するにはゲームの要素を盛り込むのもいいでしょう。

Slidoなどの質疑応答向けの専用サービスを使って、トークのテーマを参加者に決めてもらうのも一つの手です。投票数が参加者の8割に達したらそのテーマを採用するなど、事前にルールを決めておきましょう。参加者をイベント進行に巻き込んで変化を生み出せるようにすることで、オンラインイベントを自分事にさせるのです。

オンラインでも集合写真

イベントの最後には、登壇者と参加者の集合写真を撮りましょう。Zoomなどウェブ会議サービスでは、参加者全員がポーズを取って画面のスクリーンショットを撮るとオンラインでも集合写真が記録できます。

リアルイベントとオンラインイベントで、盛り上げ方は異なります。しかし、それぞれの特性を理解して使い分ければ、コミュニティの一体感はぐっと高まります。

まずは参加者もイベントの担い手であり、コミュニティの一員だと感じてもらいましょう。その上で、心理的安全性を高めればコミュニケーションが活発になり、コミュニティ活動の熱量も上がります。

本書の巻末にイベントを盛り上げる101の神ワザを公開しています。イベントの準備から本番、終わった後のフォローまで、すぐに実践できるものばかりですので、ご一読ください。

4

コミュニティの危機を乗り越える

ここまで、コミュニティの立ち上げ方からイベントの企画、集客などの方法を紹介してきました。1章から3章までを実践すれば、コミュニティをつくることができるはずです。ただし、コミュニティは立ち上げることと同じくらい、続けることにも工夫が求められます。

4章では、コミュニティ活動の続け方と、災害や新型コロナウイルスといった不測の事態に見舞われたときの対処方法、そして運営する企業の都合で、コミュニティ存続の危機に直面したときの乗り越え方を紹介します。

コミュニティを続けるためのポイント

コミュニティ活動を続けるには、次のポイントに配慮しましょう。

① テーマを工夫し続ける

② 参加者とのつながりをつくる

③ 適正な規模を維持する
④ 参加者のバランスを取る
⑤ 年間のスケジュールを意識する

イベントのテーマの設定が毎回同じだとマンネリ化してしまいます。**繰り返し参加しても、得られる情報が変わらないと、リピーターは減り、参加者も毎回同じ人が集まるようになってコミュニティの硬直化が進みます。**

Peatixが運営するイベント主催者のためのコミュニティでは、3カ月に1回の頻度で「イベントサロン」というイベントを開催していますが、ここでは毎回テーマを変えています。イベントの「型」について語り合うこともあれば、「祭」をテーマにしたり、「五感」について語ったこともありました。

毎回、テーマを変えるPeatixの「イベントサロン」

Peatix作成

「イベント主催者のため」という軸は変えず、幅広いテーマを設定することで、コミュニティ参加者のすそ野を広げていきます。

参加者同士が深くつながるようになると、コミュニティ活動の熱量は高まります。そのためにはイベントの開始前や休憩時間、懇親会で、参加者がしっかりと交流する必要があります。

最近では「乾杯」からスタートするイベントも増えています。最初に乾杯すると空気が和らぎ、会話が弾みやすくなるからです。イベントが盛り上がれば、コミュニティ参加者同士でSNSでつながるようになり、日ごろから情報交換するようになります。

たいなら、イベントの規模はおよそ30人～50人くらいが最適です。特にコミュニティを立ち上げたばかりの時期は30人前後にとどめることをオススメします。コミュニティ活動が軌道に乗ったら少しずつ参加者を増やしましょう。

コミュニティが活性化する法則

コミュニティの活力を長期にわたって維持するには、定期的にコミュニティの外から新しい参加者を呼び込むことが大切です。理想は、コミュニティのコアメンバー、常連メンバー、新人メンバーのバランスが取れている状態です。

その際に覚えておくといいのが「マルサン・コミュニティの法則」です。「3つのマル」でコミュニティを捉える考え方で、コミュニティ参加者を3つのグループに分けます。活動に積極的に関わる「コア（マルイチ）」と、数回に1度はイベントに参加する程度の「常連（マルニ）」、そして新たな参加者の「新人（マルサン）」です。

コミュニティがほどよく活性化するのは、この3つのマルの構成比率が「1対1対1」の状態のとき。コミュニティ全体の規模が大きくなっても、「コア（マルイチ）」がコミュニ

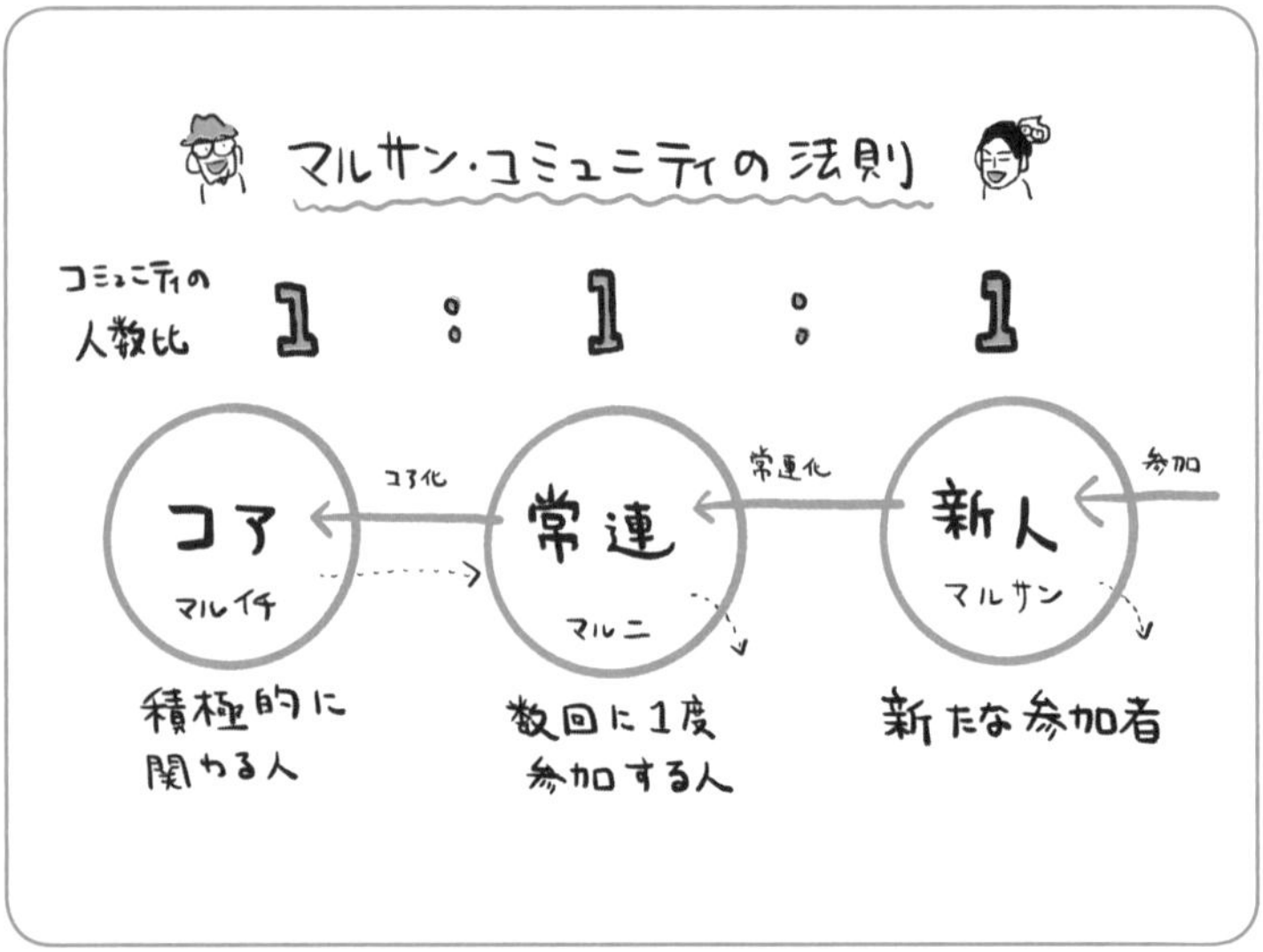

ティの柱を担い、常連（マルニ）が場のエンジンとなり、新人（マルサン）がフレッシュなアイデアや人脈を連れてくる」ことで活力が維持されます。

またコミュニティ運営では年間スケジュールを常に意識しましょう。

イベントは一度きりの打ち上げ花火ではなく、コミュニティを盛り上げる活動の一部なのです。イベントとコンテンツ配信を繰り返しながら、参加者との交流を重ねていくことで、コミュニティの熱量は上がっていきます。

コミュニティが停滞するのは、内輪の集まりになってしまったときです。新たな参加者が入りにくくなり、結果的にコミュニティ全体が衰退します。

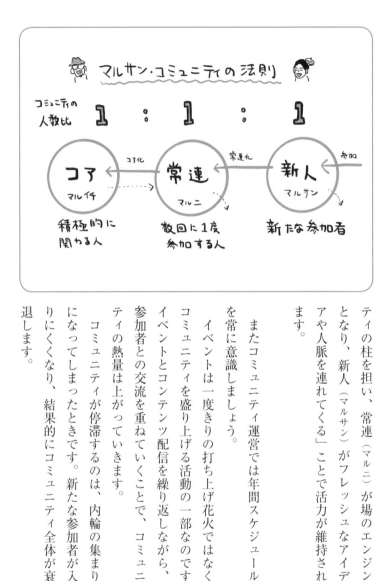

停滞を避けるには、コミュニティの状態を定点観測することが不可欠です。定期的にアンケートを実施してコミュニティ参加者の意見を集め、イベントやコンテンツ配信の内容を修正しましょう。

さらに、イベントの登壇者や運営チームからも意見を集めましょう。登壇者はコミュニティの雰囲気をどう捉えたのか、運営チームが気になっている課題は何かなど、コミュニティ活動に関わる人々の意見を聞き、チューニングします。

SNSグループに必要な覚悟

コミュニティ活動を続けるとき、SNSのグループ機能を活用するケースがあります。しかしSNSグループを始めるには、ある程度の覚悟が必要になります。

というのも、一度グループを始めると、一定の頻度で情報を更新し続ける必要があるからです。それなりの手間と時間を取られることになりますし、情報がなかなか更新されないグループは、コミュニティ参加者も離れていきます。結果的に、コミュニティを運営する企業のブランドにとってマイナスになることもあるのです。

Facebookグループの場合、コミュニティの参加者に活動内容が可視化されます。

コミュニティ運営者の投稿頻度や、それに対する参加者の反応が如実に出てしまうわけです。SNSグループを作成するなら、頻繁に投稿する覚悟を持つことが必要なのです。

運営ルールは明文化しよう

Facebookグループを運営する際には、ルールを明文化しましょう。

コミュニティ参加者がどんな投稿をしていいのか、どんな内容は控えるべきなのかを明確にすることで、参加者は安心してグループに加わることができます。

例えば、「新たに参加者が入った場合には自己紹介をすること」「営業目的の活動はしないこと」「ほかの参加者の発言を否定しないこと」などです。ルールを明文化しておくと、仮に違反者が現れたとしても、警告してグループから退会してもらいやすくなります。ルールはうまく活用すると、コミュニティを活性化させるのにも役立ちます。ユニークなルールの一例を挙げると、メディアコンサルタントの市川裕康さんが運営するコミュニティ「CMC HUB」のFacebookグループがあります。毎週水曜日を「なんでもありでー」（なんでもありの日）とし、水曜日だけは参加者が気になることや宣伝したいこと、自己紹介などを、何でもありで気軽に投稿していいルールにしています。

投稿に対するハードルを下げ、参加者が主体性を持ってコミュニティに参加してもらうための仕掛けなのです。

SNSグループ運営には専任のスタッフを付け、一人でコミュニティ運営を担当するなら、「Facebookグループをつくるのは後回しにしましょう。まずはイベントの様子をSNSに投稿したり、レポート記事をブログに投稿したりすることから始めましょう。イベントの参加者などから「Facebookグループをつくってほしい」という要望が出てから検討しても遅くはありません。

不測の事態にどう対応するか

コミュニティ活動を続けるために、もう一つ考えておかなくてはならないのが不測の事態にどう対応するのかということです。

この10年を振り返っても、震災や大型台風、新型コロナウイルスといった事態が相次いでいます。これらは、私たちの力でコントロールできません。

イベントの開催が決まっている中で、そんな状況に直面したらどう対応すべきなのでしょうか。対応を間違えると、コミュニティの存続そのものが危機にさらされてしまいます。

天災の場合、一つの判断基準となるのが、会場までの移動手段の有無です。

最近は大型台風の上陸前に、交通機関が運休や減便を告知するケースが増えています。イベント開始前から参加者が帰宅するまでの間に公共交通機関が止まる可能性があるなら開催は困難です。混乱を避けるためにも、早めにイベントの中止か延期を発表しましょう。

判断が難しいのは、新型コロナウイルスのような目に見えない脅威が発生した場合です。国や自治体がイベントの開催自粛を要請しているなら、それに従えば問題ありません。自粛要請はないけれど感染拡大が問題になりつつある状況なら、対策をしっかりと取れるかが開催判断の基準となります。

「3密（密閉、密集、密接）」を避ける環境が整うのかなどをベースに、参加者や登壇者、運営チームにとって最も安全な判断を下すようにしましょう。「開催は決まったことだから」と思考停止に陥ることは許されません。

時間と手間をかけてイベントの準備を進めてきた主催者にとって、中止や延期は苦渋の決断です。**それでも大切なのは参加者や登壇者、運営チームにとって正しい判断を下すこと。事情はさまざまでしょうが、イベントに関わる人々のことを十分に考えた上での決断であれば、コミュニティの参加者は支持してくれるはずです。**

では、イベントの開催や延期、中止を決めた場合には、何をすべきでしょうか。

リアルからオンラインに切り替える手も

イベントを開催する場合、予定していた会場でそのまま開催するケースと会場での開催にオンライン配信を加えるケース、完全にオンラインに切り替えるケースがあります。

会場だけで開催する場合も、予定通り実施することを、早めに参加者に連絡しましょう。開催の有無の問い合わせを減らすことができますし、参加者の不安も払拭できます。新型コロナウイルスのような感染症が流行している場合、体調不良の続く申込者には参加を控えてもらうこと、イベント会場では手指の消毒やマスクの着用を徹底してもらうことなど、状況に応じて参加者にも協力を仰ぎましょう。

イベントをオンライン配信するなら、告知ページにオンラインでも配信することを追記し、速やかに参加者に知らせましょう。その際、利用する配信ツールと簡単な使い方、不具合で接続できない場合の問い合わせ先、また有料イベントの場合には参加費に変更があるかなども併記しましょう。イベント当日は、オンライン配信用の問い合わせ対応スタッフを配置することをオススメします。

新型コロナウイルスでは、会場でのイベント開催を中止し、オンライン配信に切り替えるケースが続出しました。この場合も速やかに、オンライン開催に変更することを参加者に連絡しましょう。

その際は、次の情報を必ず伝えてください。

・配信ツールと簡単な使い方の案内
（各ツールのヘルプページを案内）
・有料イベントの場合、
参加費の変更があるか
・うまく視聴できない場合の問い合わせ先
（専門スタッフの配置を推奨）
・申し込みのキャンセル、
返金の可否とその受付窓口

延期、中止で配慮すること

イベントの延期を決定したら、参加者に次の情報を知らせましょう。

登壇者が多く、延期後のスケジュール調整が簡単にはできない場合や、不測の事態の収束が見通せない場合は、振替開催日時を決めるのが難しくなります。その場合は「延期するが、現時点で振替日時が決定できないため、イベントを一度キャンセルにする」と伝えるようにしましょう。

・イベント延期の決定とその理由
・振替開催日時
・振替開催日時の参加が難しい場合のキャンセル、返金の可否とその受付窓口

イベントの中止を決定した場合も、延期と同じように速やかに参加者に連絡しましょう。イベントのチケッティングサービスや集客ツールによっては、中止になると自動的に参加者に通知が届くものもあります。それでも別途、主催者からメッセージを送るべきです。より丁寧なコミュニケーションを心がけて、次の情報も伝えましょう。

・イベント中止の決定とその理由
・振替開催する可能性があるか否か
・返金の可否とその受付窓口

「ピンチ！」の乗り越え方

コミュニティは、中長期にわたって活動を続けることが大切ですが、いろいろな事情でその存続が危ぶまれることがあります。

参加者の仲たがいによるコミュニティの崩壊や盛り上がり不足による衰退、さらには自然災害などの不測の事態など、いろいろな危機があります。

しかし実際には、コミュニティの存続が危ぶまれる最も多いケースが、運営企業の都合によるコミュニティの閉鎖なのです。

コミュニティ活動に回す予算が獲保できなかったり、コミュニティ活動の成果が評価されなかったりすると、閉鎖すべきなどと糾弾されてしまいます。

会社側の都合でコミュニティ活動が難しくなる「5つのピンチ」をいかに乗り越えるのか、対処法を解説します。

ピンチ1　理解のある上司が異動する

コミュニティの重要性を理解していた上司が異動などでいなくなり、新たな上司はコミュニティ活動に興味を示さないケースです。上司の理解が乏しいと「コストばかりかかって、業績に直結する成果を出していない」と評価され、コミュニティを閉鎖するように命じられる可能性があります。

対処法

新しい上司が就任したら、質問を受ける前に説明に行こう

必要なのは、コミュニティのビジョンと活動計画を説明する資料、コミュニティ運営者の考査の目標設定など、前の上司に約束していたKPI（重要業績評価指標）とその進捗状況

です。これらを説明しながら、コミュニティ運営の考え方や活動内容について説明します。

論理的にコミュニティの必要性や現状、課題、目標などを説明できれば、新たな上司もコミュニティに対して理解しようとするはずです。

コミュニティ活動は、売り上げや利益に直接インパクトを与えるものではなく、そのメリットを数値化しづらいものです。そのため、抽象的かつ情緒的な説明になりがちです。定量的な説明がしづらいからこそ、あえて冷静かつ論理的に説明すべきです（コミュニティ活動の定量的な効果測定の方法は5章で詳しく説明します）。

上司の上司や経営層がコミュニティ活動に理解を示している場合、「〇〇本部長も応援してくれていて」など、第三者の評価を交えてコミュニティ活動の重要性を伝えましょう。

ピンチ2　組織体制の刷新で社内応援団が不在に

組織体制の変更や人事異動で、コミュニティ活動をサポートしていた社内の仲間がいなくなることもあります。またコミュニティの統括部門が変わることも珍しくありません。

●対処法
ゼロから仲間をつくり、事業部門のキーパーソンを押さえよう

組織の体制が刷新されたら、新たにコミュニティ活動を統括する部門の責任者やキーパーソンとビジョンや施策をすり合わせましょう。**体制刷新によってビジョンを変える必要があるなら、過去の経緯も踏まえながらビジョンそのものをバージョンアップすることも検討しましょう。**

大事なのは、体制が刷新された後も社内でコミュニティ活動の仲間を改めてつくることです。コミュニティを立ち上げたときと同じように仲間を探しましょう。

組織の体制刷新や責任者の変更はしょっちゅう起こります。そのたびにコミュニティが危機に直面しているようではいけません。大きな変化が起こることを前提に、常にゼロか

ら仲間をつくる覚悟を持ちましょう。

ピンチ3　業績悪化でコミュニティ活動を続けられなくなる

上司の異動や組織体制の刷新に続いて、よく起こるのが会社や所属部門の方針変更です。企業を取り巻く経営環境は刻一刻と変化します。景気の後退や業績悪化に見舞われると、多くの企業が支出を抑えるようになります。その中で売上高の増加に直結する取り組みを優先し、費用対効果が見えづらいコミュニティ活動にストップがかかることも少なくありません。

対処法

赤字を出さず、なるべく業務縮少の対象にならないこと

業績に対する貢献度が可視化しづらいコミュニティ活動は、企業が業績悪化に直面すると業務縮少の対象になりがちです。

最悪の事態を避けるには、まずコストを抑える姿勢を示すことです。これまでと同じようにコミュニティ運営は続けるけれど、それぞれのイベントで赤字を出さないようにして、コスト意識を持って活動していくことをアピールするのです。

会社に説明する際は、業績悪化後の経営方針に則したKPIを取り入れてください。経営方針の中で、コミュニティ活動はどんな貢献ができるのか、そのためにどんなKPIを設定すべきなのか、コミュニティ運営が経営危機にどんなメリットをもたらすのかを考えましょう。

コミュニティの存在が将来の事業拡大に寄与すると判断されれば、厳しい環境でも簡単に潰されることはありません。

コミュニティの参加者には、従来よりも予算が絞られる状況を伝えても構いません。情報をオープンにした方が参加者から知恵が集まるからです。率直に伝えることが、コミュニティの結束感を高めることもあります。参加者と一緒に、現実的かつ前向きに対処しましょう。

ピンチ4　コミュニティ運営者の退職や異動

事業としてコミュニティ活動に携わる場合、人事異動は付き物です。またコミュニティ運営者が転職するケースもあります。コミュニティ運営者の退職や異動には、どう対処すればいいのでしょうか。

●対処法

引き継ぎ期間はゆとりを持って、次の担当者のやり方を大切に

そもそもコミュニティは、できるだけ複数の担当者で運営するのがベストです。しかし、最近ようやく注目を集め始めたコミュニティ活動に、常時、複数の担当者を配置する余裕のある企業はまだ数少ないというのも事実です。ビジネスコミュニティで、中心的に活動するのは担当者一人というケースが多く、その人が退職したり異動したりすると、コミュニティそのものが消滅する可能性もあります。

異動の場合は新たな担当者に引き継ぎます。コミュニティは、運営者の個性がそのままコミュニティのあり方や活動に反映される傾向があります。ですから運営者が替わればコ

ミュニティの姿も変わります。参加者の離脱を防ぐためにも、引き継ぎには可能なら2カ月、最低でも1カ月はかけましょう。

ポイントは無理に前任者のやり方を引き継がせないことです。次のコミュニティ運営がその人らしいやり方を生み出せばいいのです。コミュニティ運営者の個性を生かす方が参加者からも好意的に受け入れられます。引き継ぎの間に次のコミュニティ運営者が自分のやり方を試して移行していきましょう。

それまで担当者一人でコミュニティを運営してきた場合は、複数人で運営する体制に変えることも検討しましょう。コミュニティ運営者がいなくなった途端に活動が止まった、という自然消滅を避けるためです。

ピンチ5　事業の縮小や撤退に伴うコミュニティの解散

コミュニティを運営している部門が事業を縮小したり、撤退したりする影響で、物理的に活動が続けられなくなることもあります。いよいよコミュニティを閉じざるを得なくなったら、どうすべきなのでしょうか。

●対処法
参加者が前向きな気持ちで卒業できる工夫を

コミュニティ運営者としては残念ですが、誠意を持ってクロージングしましょう。**コミュニティを閉じる過程にも、運営者が主体的に関わることが大切です。**

事業の撤退などでコミュニティ活動を閉じるなら、その事情を参加者にきちんと説明しましょう。正面から向き合えば、ほとんどの参加者は理解を示してくれます。

その上で、なるべく前向きにコミュニティを閉じるにはどうすればいいのでしょうか。

オススメは「さよならパーティー」のような場を用意することです。活動終了そのものをイベントにして、最後にコミュニティ参加者が顔を合わせる機会をつくるのです。

SNSでコミュニティのアルムナイ（同窓会）をつくってもいいでしょう。「コミュニティ活動は終わるけれど、この場で培った人間関係はこれからも続く」というメッセージをアルムナイに込めましょう。

逆に、「事業を撤退するのでコミュニティ活動は終わります」と一方的に通達して閉じるのは最悪のパターンです。仕方のない事情とはいえ、参加者は突然の通達に不快感を抱くかもしれません。

コミュニティの結束が強いほど、企業の都合で突然コミュニティが消えると、参加者は不信感を抱きます。一方的に活動をやめた企業に対してネガティブな印象を持つ人もいるでしょう。それがマイナスの評判となって広がるのは避けるべきです。自然消滅も同じようにマイナスの評判が広がる傾向があります。ネガティブなイメージが広がると、コミュニティ活動を通して培った企業と参加者の信頼感もなくなります。

本章では、コミュニティ活動の続け方や不測の事態への対処、そして危機の乗り越え方についてまとめました。

覚えておきたいのは、コミュニティが「生きもの」であるということです。コミュニティを取り巻く環境や参加者によって、その姿は常に変化していきます。本章でまとめたような困難に直面することも十分にあり得ます。そのときに判断基準にすべきなのは、「コミュニティの目的に沿っているか」という意識です。参加者や協力者、運営チームにとって最も誠実な対応は何かを注意しながら、危機に柔軟に対処しましょう。

5

コミュニティ活動の評価方法

仕事でコミュニティを運営するビジネスパーソンにとって、頭の痛いテーマが、社内の理解を得ることです。

「なぜ事業にコミュニティが必要なのか」「コミュニティ活動が本業の売り上げや利益にプラスの影響を与えるのか」……。

多くのコミュニティ運営者が、その価値を定量的に測定し、必要性を社内で理解してもらう難しさに直面しています。

他方、優秀な運営者ほど、上司や同僚、仲間にその魅力を理解してもらい、上手に巻き込みながらコミュニティ活動を事業の成長や拡大につなげています。

本章では、コミュニティの立ち上げや継続を社内に説得するための、客観的な評価方法について解説します。

コミュニティの最終目標は売り上げ増ではない

コミュニティ活動の成果はどのように評価すべきでしょうか。

大前提として、一般的な事業のＫＰＩ（重要業績評価指標）だけでコミュニティを評価してはいけません。

コミュニティ運営の最終目的を、いきなり売り上げ増やイベントの開催数、動員数の増加で測定すると、大抵は苦しい結果に終わります。

例えば消費財メーカーの場合、コミュニティ活動の成果を「どのくらい商品の売れ行きが伸びたか」という業績に直結した数値目標で評価すると、成果をうまく説明するのは難しくなるでしょう。有料サブスクリプションサービスの場合、毎週イベントを開催したからといって、顧客がうなぎ登りに増えるわけではありません。

売り上げを短期的に伸ばしたいなら、コミュニティを運営するよりも広告をうまく活用した方が、目に見える効果は得やすいのです。

もともとコミュニティ運営は具体的な数字によって評価しづらい性質があります。しかも時間や手間がかかる割に、売上高や利益に直結しません。

それでもコミュニティが必要なのは、もはや企業が一方的に提供する機能や価格だけで選ばれる時代ではなくなりつつあるからです。

消費者は無数の情報の中から自分の価値観に合った製品やサービスを選びます。そんな人々の関心を引き付けるには、製品やサービスのファンをつくり、似た価値観を持つ仲間を集めてコミュニティを形成することが効果的なのです。コミュニティが大きくなるにつれて、ファン層も広がっていきます。そして売上高や利益を、長期的にじわりと伸ばしていくのです。

しかし企業で働く以上、個人やプロジェクトチーム、部門には、それぞれ具体的な成果目標が課されます。同じように、コミュニティ運営者も何らかの具体的な目標を設け、達成しなければいけません。

最初にKPIの設定を間違えると、上司にコミュニティ活動の重要性を理解されず、大変な思いをすることになります。

そうならないためにもKPIをうまく設定し、コミュニティ運営が事業に与えるポジティブな価値を、定量的かつ分かりやすく説明する必要があります。

コミュニティの必要性と効果をうまく説明するスキルも、コミュニティマネージャーの大切な能力なのです。

5つのKPIを組み合わせる

コミュニティ運営に合ったKPIとは何でしょうか。ビジネスコミュニティで設定すべきKPIは5つあります。

①ブランディングKPI
②エンゲージメントKPI
③インフルエンサーKPI
④コラボレーションKPI
⑤営業KPI

コミュニティ運営の最終的な目標が売上高や利益、ユーザー数の増加といった事業成績に直結する指標だったとしても、いきなりこれらを目標にするのは得策ではありません。

最初は一般的なKPIから離れて、5つのKPIの中でも、①〜④を中心に設定することをオススメします。それも運営するコミュニティの目的や盛り上がりに合わせて、複数のKPIを組み合わせるのがベストです。

まずは「①ブランディングKPI」から始める

コミュニティを立ち上げた段階で優先するのは、参加者に居心地のいい場をつくることです。スタート時点でコミュニティ参加者が「いきなり製品やサービスを売りつけられた」と感じると、結果的に場の雰囲気は悪くなり、コミュニティは白けてしまいます。

最初はコミュニティを、製品やサービスのブランディングに役立てることを考えましょう。「どれだけの人に好感を持ってもらったか」「一般的な消費者を、どれだけ熱心なファンに変えられたか」といった指標を、コミュニティ初期の目標にします。

KPIもそれに沿って、次のような指標を設定しましょう。

メディア掲載数

新聞やテレビ、雑誌、ウェブサイトなど、社外のメディアに、その製品やサービス、ブランドが取り上げられた回数を数えます。大手メディアほど、掲載された影響は大きくなります。コミュニティにメディア関係者を巻き込むと、タイミング次第ではコミュニティの活動内容を記事にしてくれることがあります。

SNSの反応数

Twitter や Facebook、LinkedIn、YouTube では、記事や動画、写真を投稿すると、どれだけの人に拡散されたのかを測定するダッシュボードが用意されています。「いいね！数」「リツイート数」「シェア数」「閲覧回数（インプレッション数）」「コメント数」など、さまざまな指標があるので、これらの数を計測し、コミュニティ活動がどれだけ多くの人に知られたのかを測るといいでしょう。

ブランドへのリーチ数

イベントの様子を動画や音声で配信したら、視聴者数を測定しましょう。イベントの様子を自社サイトで記事にした場合は、ページビューを調べ、コミュニティ活動の様子が延べ何人に見られたのかを測定します。こうした数値を積み重ねて認知度を高めて、ファンを増やしていきます。

ブランディングKPIは分かりやすい一方、「それが事業の成長に直結しているのか」という点では説得力がやや弱い面もあります。そこで、セットで目標にするといいのが、2つ目の指標のエンゲージメントKPIです。

満足度を測る「②エンゲージメントKPI」

エンゲージメントKPIは、コミュニティ参加者の満足度アップにどれだけつながったかを測る指標です。コミュニティの参加者の愛着度合いを測定する指標とも言えます。

◎コミュニティ参加者の支持率

参加者がどれだけコミュニティに愛着を持っているかを測る指標です。アンケートなどを通じて、コミュニティのテーマである製品やサービスの支持率を定量的に計測します。

アンケートで聞くのは、製品やサービスそのものの評価ではなく、「(製品やサービスに対する) 好感度」です。製品やサービスそのものは、コミュニティ運営ではコントロールできません。**コミュニティ運営者の仕事は、製品やサービスに強い愛着を持つファンを育てることです。**アンケートづくりには、コミュニケーション・ディレクターである佐藤尚之さんの著書『ファンベース』(筑摩書房) で紹介している「NPS (Net Promoter Score)」という指標が参考になります。

◎コミュニティ参加者のアクティブ率

コミュニティ参加者の中で、何人が積極的に活動に加わっているのか、いわばコミュニティの中の常連比率を算出します。

最も手軽なのは、「イベント出席率が高い人」「イベント出席率は半々だがコミュニティで顔なじみの人」「SNSのグループなどで積極的に発言する人」「SNSのグループに投稿した記事などをシェアしたり、いいねを押してくれたりする人」など、コミュニティ活動への関わり度合いによって参加者を分け、それぞれが全体の何割なのかを調べる方法です。経験上、イベントの出席頻度が高い人の割合が全体の10%~30%だとコミュニティは活性化します。コミュニティ参加者の支持率やアクティブ率を測定する場合、成長率にも注意しましょう。コミュニティ運営を通じて、参加者とのコミュニケーションがどれだけ改善したのかを見ることが大切なのです。

仲間の数を測る「③インフルエンサーKPI」

コミュニティの成長を加速させるのに役立つのが「インフルエンサーKPI」です。多くの人に影響力のある仲間がどれだけいるか、という考えに基づく指標です。仲間とは、コミュニティのビジョンに共感して活動を助けてくれる人のことで、「コミュニティ活動に共感するから、何かあったら相談してね」と関わってくれる人をどれだけ巻き込めるかが、コミュニティの成否を左右します。この巻き込み度合いを計測するのにインフルエンサーKPIが有効なのです。

現状では、一人もしくはわずかな人数でコミュニティを運営しているケースが多いでしょう。そこで障壁となるのが孤独感です。コミュニティ運営のメリットは簡単に数値化できないため、上司や同僚に向けてその重要性を説いても、なかなか理解してもらえず、社内で孤立することが少なくありません。

そんなときに頼れるのが社外の仲間なのです。第三者の目線から、上司や同僚にコミュニティの重要性を説いてもらうといいでしょう。それも社会的に影響力のある人が話せば説得力はさらに増し、社内で仲間が増える可能性もあります。社内外に、コミュニティに愛着を持つ仲間を増やすことは、会社に報告する指標になるだけでなく、さまざまな形の支援につながるのです。

インフルエンサーの数

インフルエンサーとは特定の業界や分野に影響力のある人のことです。その人がインフルエンサーかどうかは、FacebookやLinkedInのつながりの数、Twitterのフォロワー数だけでは判断できません。大切なのが、SNSの投稿に対するほかの人の反響数です。その人の投稿にどれだけ多くの「いいね！」が付いているのか、投稿がシェアされたり、コメントが付いていたりするのかを総合的に見ましょう。

まずは、運営するコミュニティにインフルエンサーが何人いるか数えてみましょう。定期的に調べて、その増減を記録します。

コミュニティの仲間になり得るインフルエンサーと出会ったら、まずSNSでつながり、その人の投稿にコメントするなどして、オンラインの接触回数を増やしましょう。思わぬタイミングで、インフルエンサーがコミュニティの支援者になってくれるかもしれません。

仲間の数

コミュニティ活動を応援してくれる人の数です。関わり方はさまざまで、コミュニティそのものには参加せず、SNSなどでコミュニティ活動に関する投稿をシェアするだけの人も仲間に入ります。コミュニティ活動の有用性などをSNS上で投稿してもらうだけでも、その人のネットワークの中から将来のコミュニティ参加者を集められる可能性があるので大切にしましょう。

経営陣へのアピール抜群「④コラボレーションKPI」

「コラボレーションKPI」は、会社の事業と関わりの深い指標で、経営陣にも関心を持ってもらいやすい数字です。運営するコミュニティが会社の事業活動にどれだけ貢献したかという指標で、社内と社外、2つの数値があります。

社内コラボレーション数

コミュニティ活動が、社内の事業とどれだけ連携したかという数字です。コミュニティ運営者は、常に自社のプロジェクトに目を配り、コミュニティ活動が社内の事業に役立ちそうなら率先して協力しましょう。

例えば、東急グループ傘下のイッツ・コミュニケーションズには、イベントハウス型飲食店の「東京カルチャーカルチャー」があります。同店は経営指標の一つとして、東急グループ全体とのコラボレーション件数をチェックしています。東急グループが開発する東京・渋谷や東急電鉄沿線の街づくりをアピールするイベントを東京カルチャーカルチャーで開催した場合、グループの事業活動に寄与したと評価されます。

◎社外コラボレーション数

ほかの企業や組織とタッグを組んだプロジェクト、イベントなどのコラボレーションした事例数を指します。運営するコミュニティが、業界で影響力のある企業や組織、チームと一緒に活動すれば、コミュニティの意義を理解してもらいやすくなります。

イベントなどのコラボレーションを契機に、新規事業や新サービスが誕生することもありますし、事業提携につながるケースもあります。そうした成果が、コミュニティ活動の価値を証明する実績となるのです。

経営層は、短期的な成果と中長期的な成果の両方を考えながら事業を営んでいます。コミュニティ活動が中長期的な視点で経営にプラスの効果があると分かれば応援してくれるはずです。

そのためにも、会社が中長期的に取り組む経営課題を理解しましょう。そして人材育成や新規事業、事業提携などに対して、コミュニティがどう貢献できるのかを経営層に示しましょう。コミュニティ活動を通して、会社の課題を解決しようとしている姿勢を示せば、コミュニティを運営しやすくなります。

いいことリスト

小さな実績を積み重ねて、コミュニティのメリットを社内に伝えることも大切です。「劇的な変化はなくても、コミュニティ活動を通して少しずついいことが起き始めている」と周囲が考えるようになればしめたものです。

そのために、**コミュニティ活動の結果生まれた会社にとっていい出来事を記録したリストを作成し、機会があるたびに上司や同僚に伝えましょう。**イベントの様子を写真や動画で記録して見せると効果的です。

こうした活動を重ねていると、仮に上司や同僚がコミュニティ運営にあまり理解を示していなくても、「（自分にはよく分からないけれど）悪いことは起きていないようだ。このまま続けてみよう」と思わせられます。目に見える成果が出るまでは、愚直に「いいこと報告」を続けて、コミュニティの存在意義を関係者に伝えましょう。

説得力はあるが取り扱い注意の「⑤営業KPI」

コミュニティ運営のKPIがどんなものかは、イメージできたはずです。とはいえ、具体的な業績こそ説得力のあるKPIだと考える人もいるでしょう。

確かに、イベントの開催数や動員数、コミュニティ参加者数、さらには製品やサービス

営業KPIは『取り扱い注意』!!
動員数
売上高
利益
イベント回数
目的を見失ってるよ
ノ… ノルマ… どうにかせな…

の売り上げ増といった「営業ＫＰＩ」は、社内の理解を得る上でも説得力のある数字です。マーケティングの経験がある人なら、「プロダクトの販促に貢献するコミュニティでなければ意味がない」と考えるのが自然です。

それにもかかわらず、最も分かりやすい「営業ＫＰＩ」の説明を後回しにしたのには理由があります。**コミュニティ開始当初から営業ＫＰＩを設定すると、すぐに結果を出せずに苦戦するケースがとても多いのです。**

そもそも売上高や利益、製品やサービスの利用者数などに、コミュニティ運営者がコントロールできる余地はあまりありません。

特にコミュニティを立ち上げたばかりだと規模も小さいため、売上高を伸ばす取り組みを実施しても、効果はほとんど見込めません。

そんな状況で営業ＫＰＩに捉われると、イベントなどの施策が空回りしかねません。無理に売上高や利益を伸ばそうとすれば、コミュニティにとって何よりも大切なビジョンがないがしろにされるリスクも高まります。

イベント数が人的・金銭的なリソースに合った回数なら問題ありませんが、「より多くのイベントを開催した方が評価が高くなるから」と、イベント開催数をＫＰＩにするのは避けるべきでしょう。

イベント動員数も同じです。そもそもイベントの形式や内容によって最適な人数は異なります。本来なら30人程度が集まって顔の見えるコミュニケーションをすることが目的のイベントに、参加者が１００人以上集まると満足度が下がるのは容易に想像できます。むしろイベントの質が下がり、参加者がコミュニティから離れかねません。

「参加者が５００人に達した」「週1回、年50回イベントを開いた」――。

こういった分かりやすい数字には確かに説得力があります。しかしこれらの数字は結果であり、コミュニティ運営の目的ではありません。結果と目的を間違えると、数字に振り回され、コミュニティ運営そのものが継続できない事態に陥るリスクもあるのです。

イベントの動員数や開催数だけを追うような方策で、コミュニティは持続できません。仮に短期的に参加者が増えても、コミュニティ全体の熱量が下がる恐れがあります。

企業が事業の一環としてコミュニティを運営する以上、営業KPIを設定したくなる事情は理解できます。しかし経験上、まずは「ブランディングKPI」「エンゲージメントKPI」「インフルエンサーKPI」「コラボレーションKPI」といった間接的な効果を測る指標から始めるべきです。

これらを踏まえた上で、5つのKPIを組み合わせて、どんな目標を設定するかは、コミュニティ運営者が自分で判断しましょう。

生存確率を上げる4つの活動

コミュニティ運営者は、コミュニティ活動のメリットを、上司や同僚に向けて積極的にアピールしましょう。**運営者がコストに対する感覚をきちんと持ち、コミュニティ活動に十分な理解や評価が生まれると、コミュニティの〝生存確率〟は格段に上がります。**

「効果が見込めないからやめよう」と簡単に潰されないコミュニティをつくるためにも、次のような活動を地道に続けましょう。

・小さなコストでコミュニティを運営する
・イベントなどの活動を赤字にしない
・上司や、上司の上司に成果を報告する
・管理部門の中にも仲間をつくる

なぜ、この4つの活動が生存確率を上げるのか解説します。

コミュニティ活動の一環であるイベントを開催し、上司や同僚にこう報告したとします。

「有料イベントにしてチケットを販売し、イベント単体での収支はプラスマイナスゼロになりました」

ポイントは、「プラスマイナスゼロ」であること。それだけで、イベントに対する社内の評価は驚くほど寛容になります。コミュニティ活

動について理解していなくても、「赤字を出しているわけではないし」と大目に見てくれるようになるのです。

反対にイベントが毎回赤字だと、注意が必要です。どんなに一生懸命取り組んでいても、「仲間同士で遊んでいるだけだ」「赤字を垂れ流す不採算活動」という印象を持たれかねません。経営層が一度ネガティブな印象を持つと、コミュニティ活動は、小さなきっかけですぐに潰されるリスクが生じます。

イベントが赤字になったとしても、会場費を節約したりチケット代を徴収したりすれば、大きな出費にはなりません。収支をプラスマイナスゼロの状態するのは、難しいことでは決してないのです。目立つ赤字を出さないことを、肝に銘じましょう。

成功のカギは社内の仲間にあり

コミュニティ活動をしていると、コミュニティ運営者はついコミュニティの参加者や協力者など、社外のネットワークに目が向きがちです。

しかし社外の評判と同じくらい大切なのが、社内の評判です。**社長や役員クラスにコミ**

ュニティ活動のいい評判が広がっていると、コミュニティの生存確率は格段に上がります。

イベントを開催するなら事後にレポートを提出するだけでなく、社長や役員にもイベントを見学してもらいましょう。時にはイベント冒頭であいさつをしてもらったり、有識者とのトークセッションに登壇してもらったりしてもいいでしょう。

経営層の中には、熱心なファンと直接コミュニケーションを取るのが好きな人も少なくありません。イベントや懇親会の場で、コミュニティ参加者と経営層が直接交流する機会を設けると、コミュニティ参加者の満足度も上がり、経営層も喜びます。

コミュニティ活動は新しい取り組みなので、想定外の事態に遭遇することも多く、人事や総務、経理、法務、広報といった社内の管理部門にも仲間がいると心強いでしょう。「登壇者の交通費を現金で精算しなくてはならない」「急きょ、登壇者の参加同意書が必要になった」「イベントを取材したいとメディアから連絡が入った」……。

そんな状況に直面したとき、気軽に相談できる人がいれば判断に迷うことがありません。社内の横のネットワークが充実すれば仕事のスピードも速くなります。

経営層などの「上」のラインと、社内他部門の「横」のラインを組み合わせて、組織の中で縦横無尽に仲間を増やしましょう。

コミュニティ運営に必要な3つの投資

コミュニティ運営では必要なところに投資することも大切です。投資すべきなのが次の3つです。

- **コミュニティマネージャーの育成**
- **専用スキルを持つ人材の活用**
- **目的に合った参加者の集客**

まずはコミュニティマネージャーの育成に投資し、コミュニティの質を高めるファシリテーションスキルの研修などを受けてもらいましょう。長い目で見れば、外部のスタッフに頼るよりも、自社で育成したコミュニティマネージャーの方が、コミュニティをうまく成長させられます。

社内に経験者がいないなら、コミュニティ運営者を新たに採用することも考えましょう。

コミュニティ運営者を指す「コミュニティマネージャー」という職種は、まだ一般的では

ありません。経験のある人が少ないので、「これだ」と思える人材を見つけたら、思い切って採用することをオススメします。

それが難しければ、コミュニティの立ち上げから軌道に乗るまでの間、経験のある外部スタッフに頼るのも手です。その間に、外部スタッフと社員を組ませて、社内でコミュニティマネージャーを育てましょう。一緒にコミュニティをつくってノウハウを吸収させるのです。ノウハウのある外部スタッフの仕事を学び、自社のコミュニティ運営者も育っていきます。

コミュニティを立ち上げたばかりなら、参加者を集めるための投資も必要です。コミュニティが軌道に乗れば、コミュニティ運営者が自力でテーマに合う人を勧誘することもできますが、立ち上げ当初に参加者を一人ひとり勧誘していては、時間と手間がかかりすぎます。SNS広告やPeatixの集客プランなどを活用して、コミュニティ参加者の集客に活用しましょう。

6

「コミュニティマネージャー」という仕事

コミュニティの立ち上げから運営までの一連の流れを計画・実践し、コミュニティ全体を統括する存在が「コミュニティマネージャー」です。

本章では、コミュニティマネージャーの具体的な仕事と、必要なスキルも心構えについて説明します。

コミュニティマネージャーの仕事は大きく2つあります。

一つはコミュニティのビジョンを構想し、それに沿ってイベントなどの施策を計画・実行・統括すること。もう一つは、参加者との交流を通してコミュニティのカルチャー（文化）を育むことです。

この両方の仕事が成立して初めて、コミュニティに活力が生まれます。

ビジョンを掲げてコミュニティを運営

コミュニティマネージャーは、ビジョンを策定し、それを軸にコミュニティを運営するために、次の6つの仕事を実践します。

コミュニティマネージャーの主な仕事
その2
コミュニティの文化を生み育てる
その1
ビジョンを掲げてコミュニティを運営

●1 ビジョンの策定

コミュニティマネージャーの大切な仕事は、ビジョンを決めることです。

1章で説明したように、ビジョンとはコミュニティの目指す姿を言葉にしたもののことです。例を挙げれば、次のようなものになります。

ヘルスケア器具のコミュニティの例：「不健康に生きる現代人の健康づくりを楽しくしたい」

個人向け金融サービスのコミュニティの例：「お金と若者が、気軽に付き合えるような社会をつくる」

ビジョンはコミュニティの要であり、さまざまな意思決定のよりどころとなります。いったんコミュニティを立ち上げると、ビジョンを頻繁に変えることは難しいので、熟考しましょう。

● 2　コミュニティ活動の計画策定

ビジョンを固めた後は、それを達成するためのコミュニティ活動の計画を決めていくのも、コミュニティマネージャーの仕事です。コミュニティの規模や参加者の属性を具体的にイメージし、ターゲットとなる人に伝わりやすいようにビジョンの表現を工夫したり、ビジョンに沿ってどんな頻度・規模でイベントを展開するのかなど、具体的な計画を立てます。

● 3　施策の企画・プロデュース

コミュニティ活動の計画に基づいてイベントやコンテンツを具体的に企画します。ここでのコミュニティマネージャーの仕事は、イベントやコンテンツづくりの業務を分けて担当を割り振り、全体をまとめることです。イベントの場合は、企画、登壇者の調整、集客、進行、会場運営、メディア対応など、業務内容を割り振っていきます。コミュニティマネージャーが一人でイベントを仕切るのは現実的ではありませんから、コミュニティの参加者にサポートを募ります。業務負荷を軽減するためにも、仕事の分散を図りましょう。

最近ではイベントの様子をオンライン配信することも一般的になりました。またオンラ

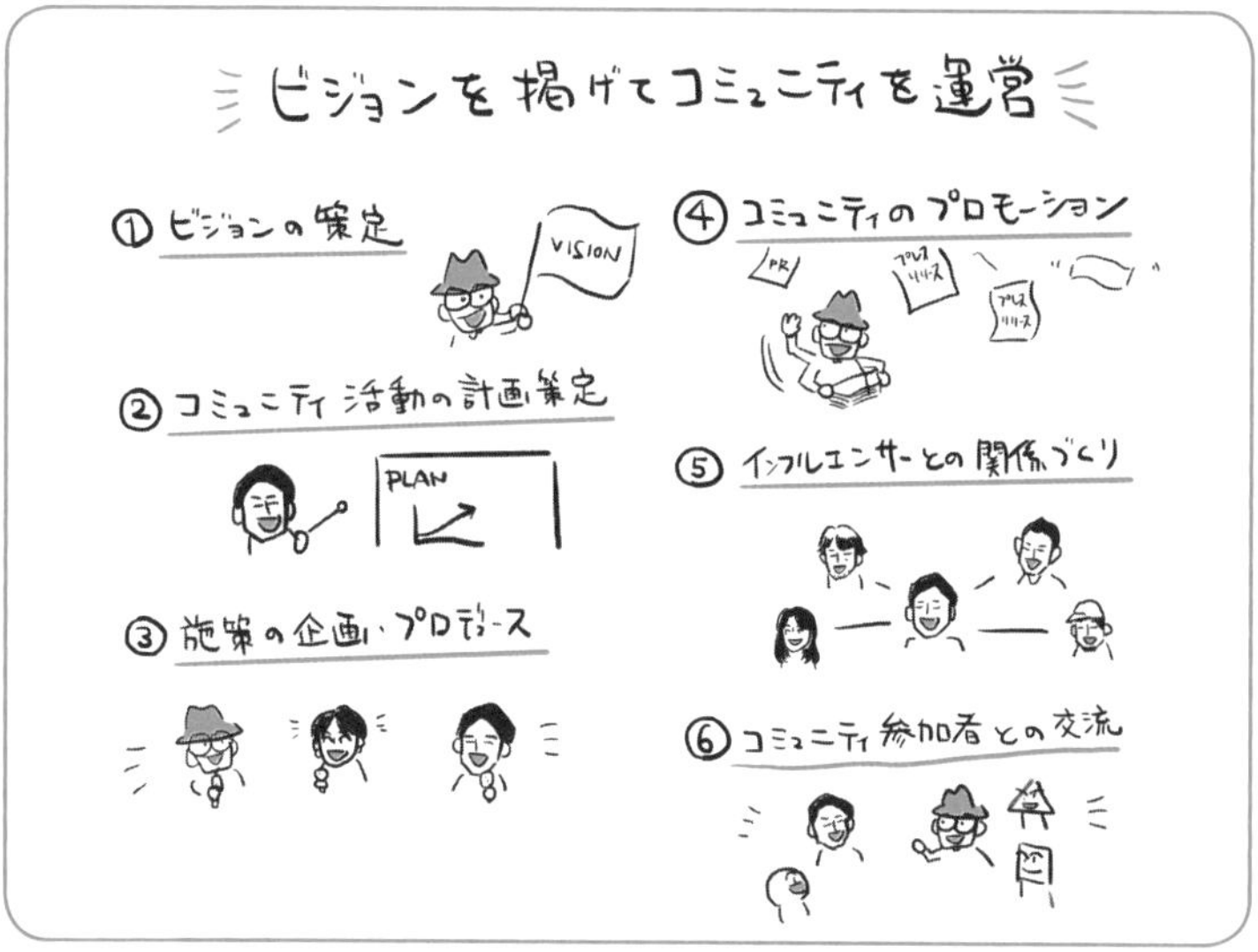

インイベントそのものも急増しています。これらを実施したらブログ記事や動画、音声の配信などのコンテンツづくりも必要になります。イベントと同じように、コミュニティマネージャーが全体を取りまとめましょう。

コンテンツ配信は情報発信の方法によっては専門スキルが必要なケースもあります。例えばイベントの内容を後日、記事にして配信する場合、対象がウェブサイトか紙媒体かによって、編集や制作の業務内容は変わります。テキスト記事、動画、音声など、配信形式の違いも制作工程に影響します。

イベントと同様に、すべてをコミュニティマネージャーが実施する必要はありません。まずはコミュニティ参加者の中から、その作業が得意な人を探してみましょう。その上で自分でコンテンツを制作するのか、プロに依頼するのかを判断します。

● 4 コミュニティのプロモーション

参加してほしい人に、コミュニティの存在を知ってもらうプロモーション活動も不可欠です。具体的にはプレスリリースの発信やメディアでの紹介、SNS公式アカウントの運用などを、コミュニティマネージャーが担当します。

● 5 インフルエンサーとの関係づくり

コミュニティづくりにとって、影響力のあるインフルエンサーの存在は重要です。「SNSのフォロワー数が多い」「投稿に多くのユーザーが反応する」「業界内の有名企業に所属している」など、さまざまなタイプのインフルエンサーが存在します。コミュニティマネージャーは彼らと積極的に人間関係を構築し、コミュニティを盛り上げてもらったり、インフルエンサーと一緒にイベントなどの施策を企画したりします。

● 6 コミュニティ参加者との交流

コミュニティマネージャーは普段から、SNSやリアルな場で、コミュニティ参加者と気軽にやりとりできる関係を築いていきましょう。

コミュニティマネージャーと参加者のやりとりや活動の積み重ねは、そのままコミュニティの雰囲気やカルチャーにつながります。

コミュニティ参加者は、コミュニティマネージャーの姿を通して、その会社に対する印象を決めます。ビジネスコミュニティをつくる場合は、コミュニティマネージャーが企業のビジョンやカルチャーを体現する存在であることを意識して参加者と交流しましょう。

コミュニティのカルチャーを育てる

コミュニティマネージャーのもう一つの大切な仕事が、コミュニティのカルチャーをつくることです。場の雰囲気に気を配りながら、参加者が居心地良く感じる状態に調整していきます。

コミュニティを立ち上げると、いろいろな考えの参加者が集まり、コミュニケーションが生まれ、その積み重ねで場の雰囲気が醸成されます。この雰囲気は、可視化したり数値化したりすることはできませんが、確実に存在します。

人に個性があるように、コミュニティにもそれぞれの雰囲気があります。イベントの熱量や懇親会の盛り上がり方もコミュニティによって異なります。

コミュニティ独自の雰囲気をはぐくんでいくと、やがてカルチャーになります。このカルチャーづくりがコミュニティマネージャーの仕事なのです。

カルチャーはコミュニティの規模や状況、参加者の属性によって変わっていきます。コミュニティの設立当初は、少数の熱心な参加者ばかりが集まっていたとしても、規模が大きくなると多様な価値観の参加者が集まり、盛り上がりが落ち着くこともあるでしょう。コミュニティ参加者の裾野が広がる半面、「熱心な雰囲気がなくなった」と受け止められることもあります。

コミュニティマネージャーが意識すべきなのは、このカルチャーがコミュニティのビジョンをきちんと反映したものになっているか、という点です。それを絶えずチェックしながら、なるべく参加者にとって満足度の高いコミュニティを維持する必要があるのです。

コミュニティのカルチャーは、決してほかをまねればつくれるものではありません。独自のカルチャーをつくる上で大切なのが次の4つのポイントです。

コミュニティの文化を生み育てる
① 文化(カルチャー)を言葉にする
ゆるい
マイペース
本音
まったり
② コミュニティのルールづくり
ルール
③ 参加者の困り事の相談に乗る
悩
困
悩
④「ミートアップ」で参加者の声を拾い上げる
声
声
声
ふむふむ

● 1 カルチャーを言葉にする

コミュニティのカルチャーを醸成する上で大切なのが、参加者の思いです。運営するコミュニティに、参加者はどう関わりたいと思っているのでしょうか。「こんなコミュニティだとうれしい」という参加者の思いを言葉にして共通点を探ります。そして、ビジョンとして掲げているコミュニティの理想の姿と現実のカルチャーにギャップがないかを検証し、言葉にして参加者に発信していきます。

● 2 コミュニティのルールづくり

コミュニティのルールは、最小限に抑えましょう。最初からルールで縛らず、参加者が自発的に動ける環境が大切です。

しかし多様な価値観の参加者が集まるように

コミュニティのルールは最小限に
営利・勧誘
ダメ、絶対!!
トイレはキレイに
使いましょう!!

なると、イレギュラーな事態に直面することもたくさんあります。そのようなときには、「○○してはいけない」という禁止事項を設ける必要があります。

　例えば、「営利活動、勧誘活動の禁止」というルールは、多くのコミュニティで明文化されています。懇親会などで営業や勧誘をやめない参加者がコミュニティに混ざり込むことがあるのです。注意をしてもやめないなら、コミュニティやイベントへの参加を断りましょう。あらかじめ募集段階で「禁止します」と明文化しておけば、コミュニティ内の営利活動や勧誘活動を未然に防ぐことができますし、コミュニティ参加者も安心するはずです。

方にすることも大切なポイントです。

あるイベントに参加したときのエピソードです。会場には80人くらいが集まっていましたが、参加者が多い割にトイレは男女共用で、個室は一つだけでした。明らかにトイレの数が足りません。ここでコミュニティマネージャーは参加者にこう伝えました。「みなさん、初めて恋人の自宅に行ったとき、どんなふうにトイレを使いましたか。当時の気持ちを思い出してください」。誰もが自分事になる前向きなシーンを想起させながら、トイレをきれいに使うことを周知させたのです。良識ある行動を促す伝え方といえます。

● 3 参加者の困り事の相談に乗る

コミュニティの現状を把握するには、常連の参加者と定期的に会話するといいでしょう。参加者が違和感を覚えていることがあれば、その課題に対応しましょう。

特にコミュニティの規模が大きくなってきた時期は注意が必要です。「Aさんは声が大きく、ほかの参加者が萎縮している」「話を聞きにくるだけの知らない参加者がたくさんいる」といった不満が生まれやすいのです。

その場合、安心してコミュニケーションできるようにワークショップを開いたり、新たに参加する人が自己紹介する機会を設けたりして、不満を解消しましょう。

●4 「ミートアップ」で参加者の声を拾い上げる

コミュニティのカルチャーを醸成するのに効果的なのが、少人数のミートアップです。ミートアップに集まった参加者に、「このコミュニティはどんな方向に向かうのがいいか」と聞きましょう。会話を繰り返すうちにコミュニティの方向性がより鮮明に見えます。方向性を言葉にして伝えたときに参加者のモチベーションが上がるようなら、それがカルチャーの醸成につながるのです。

コミュニティを立ち上げると、つい80人～100人が集まる中規模イベントを開催したくなります。しかし中規模イベントばかり続けていると、コミュニケーションの量が少なくなり、参加者がどんな思いでコミュニティに加わっているのかが理解しにくくなります。**中規模イベントの合間に、4人～20人規模のミートアップを挟むようにしましょう。参加者と対話を重ねて行くと、カルチャーは色濃くなります。**

ファシリテーションの重要性

コミュニティマネージャーに大切なスキルがファシリテーション能力です。ファシリテーションとは直訳すると「促進」という意味で、集団の成果を最大化するために参加者の合意形成を図って行動を促すプロセスを指します。

優れたコミュニティマネージャーは、ファシリテーション能力が高いのが特徴です。コミュニティづくりにおいて、ファシリテーションスキルは、次のような場面で役立ちます。

ワークショップ

参加者がある議題について話し合う場がワークショップです。このグループワーク全体を設計し、時間内に参加者をアウトプットに導く際、ファシリテーション能力が求められます。初対面の参加者も多い中で、緊張感を解きながら本音を引き出し、合意形成に導く進行能力が必要になります。

このほか、アイデアソンやハッカソンといった、決められた時間内に参加者がワークショップをして、プレゼンテーションを行うイベントの進行でも、ファシリテーターの力が必須です。

ミーティング

ビジョンの決定やルールの設定など、コミュニティ参加者の議論を促して結論に導くミーティングで、ファシリテーション能力が必要になります。意見しやすい空気をつくり、的確な質問でコミュニティ参加者の意見を引き出すスキルも求められます。

イベント壇上

トークイベントなどを開催する場合は、進行役として、イベントの目的や参加者のニーズに合った言葉を登壇者から引き出していきます。

ここで必要な能力は2つあります。一つは、相手の言葉を引き出す能力です。ファシリテーターには、じっくりと登壇者の話に耳を傾け、タイミングを見て的確な質問をし、本音を引き出す能力が求められます。

もう一つは、限られた時間の中でイベントの参加者に満足感を与える能力です。登壇者の議論がそれたら戻して、参加者が知りたい疑問を投げていきます。上手に進行し、その場でしか聞けない話を引き出せれば、参加者の満足度が上がります。

心理的安全性が大事

ファシリテーションの目的は、コミュニティにおいて心理的安全性を生み出すことです。3章でも触れた通り、心理的安全性とは、対人関係のリスクを感じることなく自分の意見を述べられたり、行動できたりする状態を指します。参加者が本音で話せる雰囲気をつくり、積極的に発言できるようになると、コミュニティはより活性化するのです。

米マサチューセッツ工科大学基礎学習センター創設者のダニエル・キム教授は、場における関係の質が向上すれば、結果の質も上がると指摘しています。つまり、安心して発言

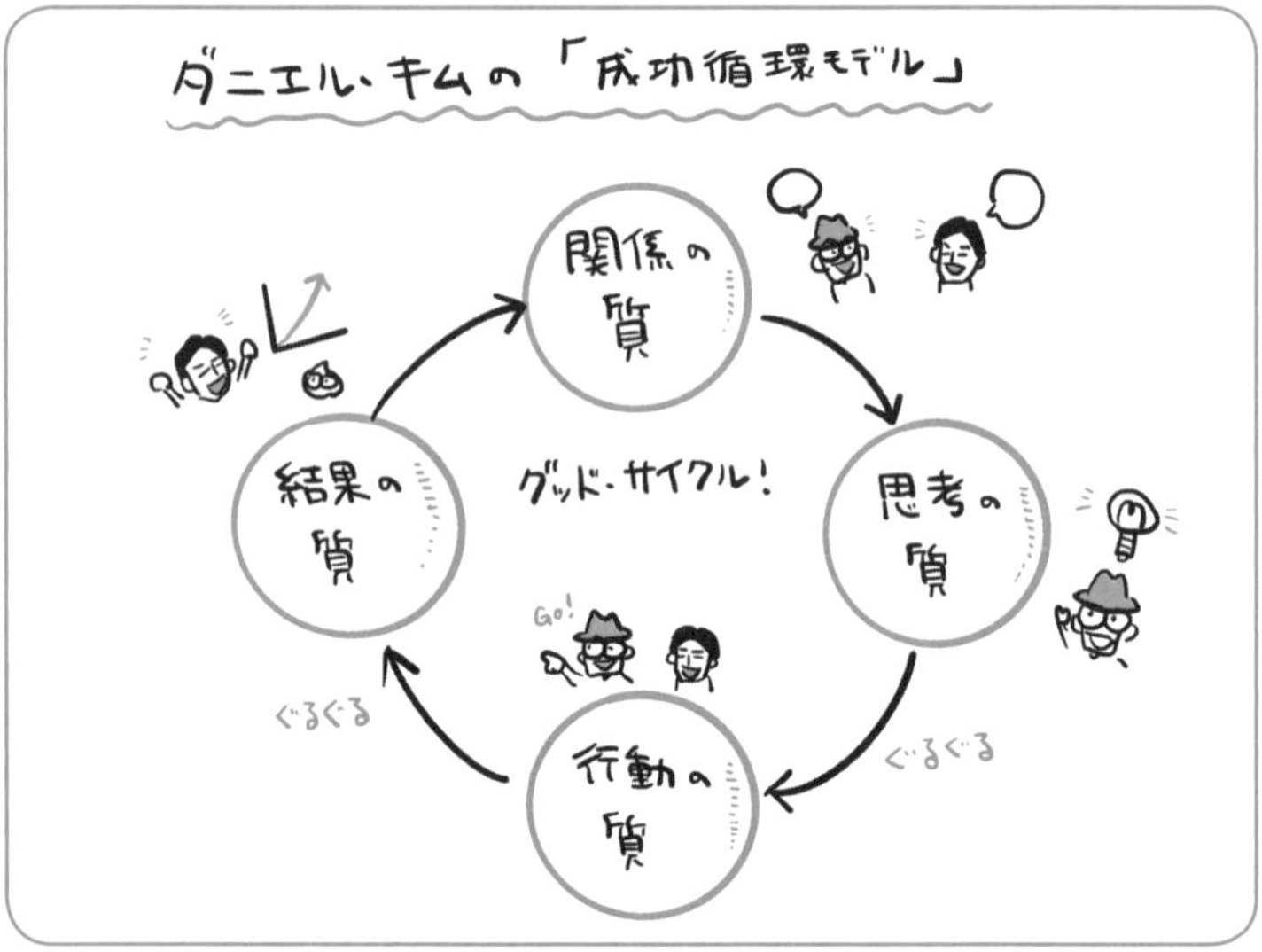

できるコミュニティでは参加者が前向きになり、良い結果を出すための意見やアイデアが生まれやすくなるというのです。

逆に心理的安全性の低いコミュニティは、参加者の間に信頼関係がはぐくまれず、居心地の悪い状態から抜け出せません。建設的な議論が生まれず、意見やアイデアも発言しづらい状態が続くと、やがてコミュニティの盛り上がりも萎《しぼ》んでいきます。

新しい参加者も常連の参加者も緊張せず、互いに本音を言い合える場をつくることや、共通のゴールに向けた行動を促すことが、コミュニティマネージャーには求められます。心理的安全性は、そのような場づくりを実現するために欠かせない要素なのです。

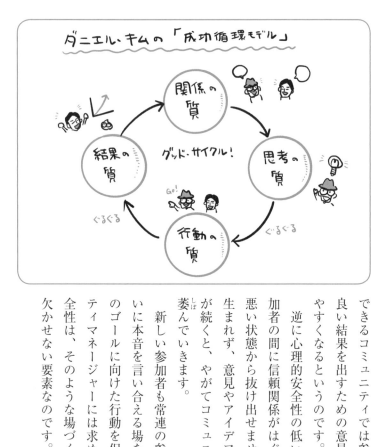

コミュニティマネージャーに必要な4つの感情力

心理的安全性のあるコミュニティをつくるためには、感情を扱う4つの力、①共感・傾聴力、②分析・プロセス設計力、③時間・空間デザイン力、④行動・発信力が、コミュニティマネージャーに求められます。自分の気持ちを参加者に伝えて共感してもらったり、参加者の気持ちを捉えながらコミュニケーションしたりすることが求められるからです。

いずれもミートアップなどの現場でファシリテーションの経験を通して鍛えることができます。４つの感情力の解説と鍛え方を整理しました。

● 1　共感・傾聴力

コミュニティにおいて、参加者の話を引き出し、相手の気持ちに共感し、状況に応じた適切なコミュニケーションを選択する力です。相手の気持ちや状況を優先する姿勢を持つ力でもあります。

自分の心を開いて思いを伝えながら、参加者の話を引き出して共感する習慣を身につけましょう。参加者の発言を受けて発言し、会話を回すようにするといいでしょう。

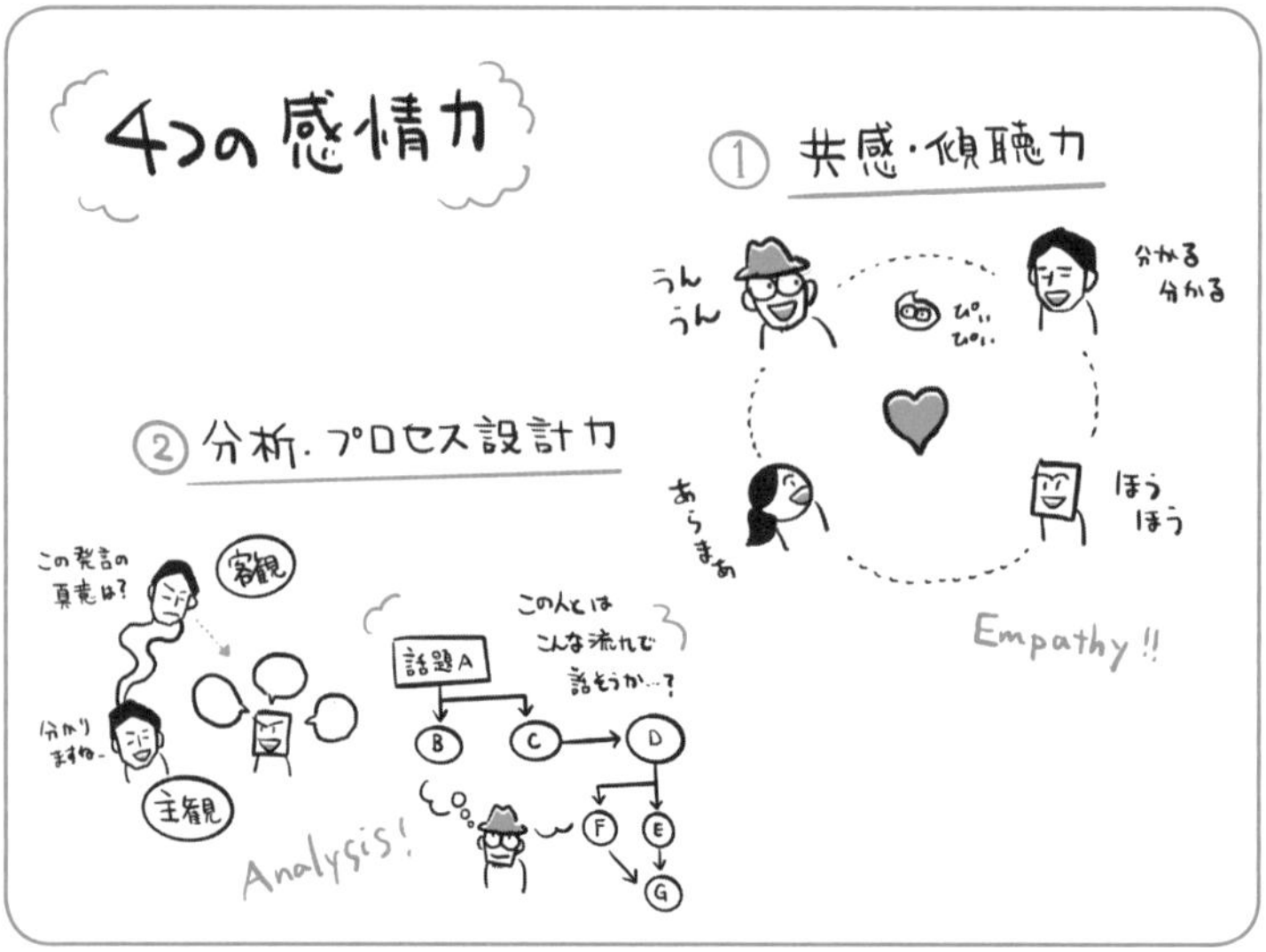

● 2 分析・プロセス設計力

自分や他者の感情を客観的に捉え、なぜそう感じたのかを分析する力です。ネガティブな感情を引き起こす要因を特定して、それが起きないようにし、コミュニティ全体に前向きなコミュニケーションを促します。

コミュニティの参加者を観察し、楽しめていない人がいたら、なぜそういう気持ちになるのかを考えて記録しましょう。自分が運営中に違和感を覚えた場合も、ミートアップが盛り上がり参加者が積極的になった場合は、その理由を自分で考えて記録します。

記録を見返すことで失敗要因と成功要因を特定し、成功要因を再現できるようにし、失敗要因には対策を打つようにしましょう。

● 3 時間・空間デザイン力

事前にコミュニティ参加者のコミュニケーションについて仮説を立て、参加者が心理的安全性を感じられるような場の進行を考える力です。

参加者の感情をリアルタイムで推し量り、心地良いコミュニケーションが生まれるよう調整しましょう。

ミートアップなどの企画をする段階で、参加者が集合してから解散するまでのプロセスをシミュレーションします。実際にミートアップが始まったら、前半の何分くらい軽い会話を続けて参加者の緊張をほぐし、何分くらいから深い話へ掘り下げるのかを考えましょう。事前にイベントの時間割を細かく固めつつ、楽しめていない参加者がいたら、その場で対応できる解決策を実践します。

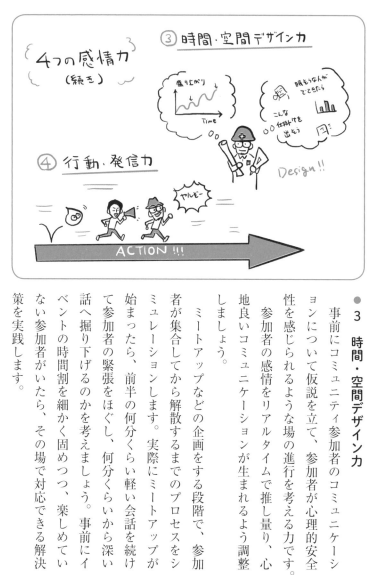

● 4 行動・発信力

自分や他者を鼓舞しながら、どんどんやってみるように促す力です。コミュニティの掲げるビジョンを自分事として語り、他者の感情を前向きに動かします。コミュニティにおいて前向きな発言をする参加者の意見に賛同し、協力的な姿勢を示しましょう。外部の人にもミートアップの内容を発信し、興味を持つ人がいたらコミュニティ活動に引き込んでいきます。

それぞれの行動はシンプルですが、すべてを実践するのは、意外と難しいものです。しかしミートアップやイベントを繰り返すうちに4つの感情力を生かしたファシリテーションスキルも自然と鍛えられます。自分の得意パターンが見えたら、それをコミュニティ運営の強みとして育てていきましょう。

自分らしいコミュニティマネージャーになろう

コミュニティマネージャーは大きく4つのタイプに分けることができます。

ポイントは、「自分にしかできない仕事をしたい」というオリジナリティ志向が強いか否かと、「仕事を通して感謝されたい、褒められたい、評価されたい」という承認欲求が強いかどうかです。

どのタイプがコミュニティマネージャーに向いているというのではなく、それぞれのタイプに強みがあります。

自分のタイプを認識して、どんなコミュニティマネージャー像を手本にするといいか知りましょう。コミュニティマネージャーとしてどのように成長すればいいのかも紹介しています。

1群　監督タイプ

使命感や目的に合わせて、コミュニティを束ねるタイプ。自分のオリジナリティを発揮するよりも、コミュニティ参加者が個性を発揮できる状態を重視する。

責任感のあるマネジメント気質です。ほかにコミュニティマネージャーの役割を担う人

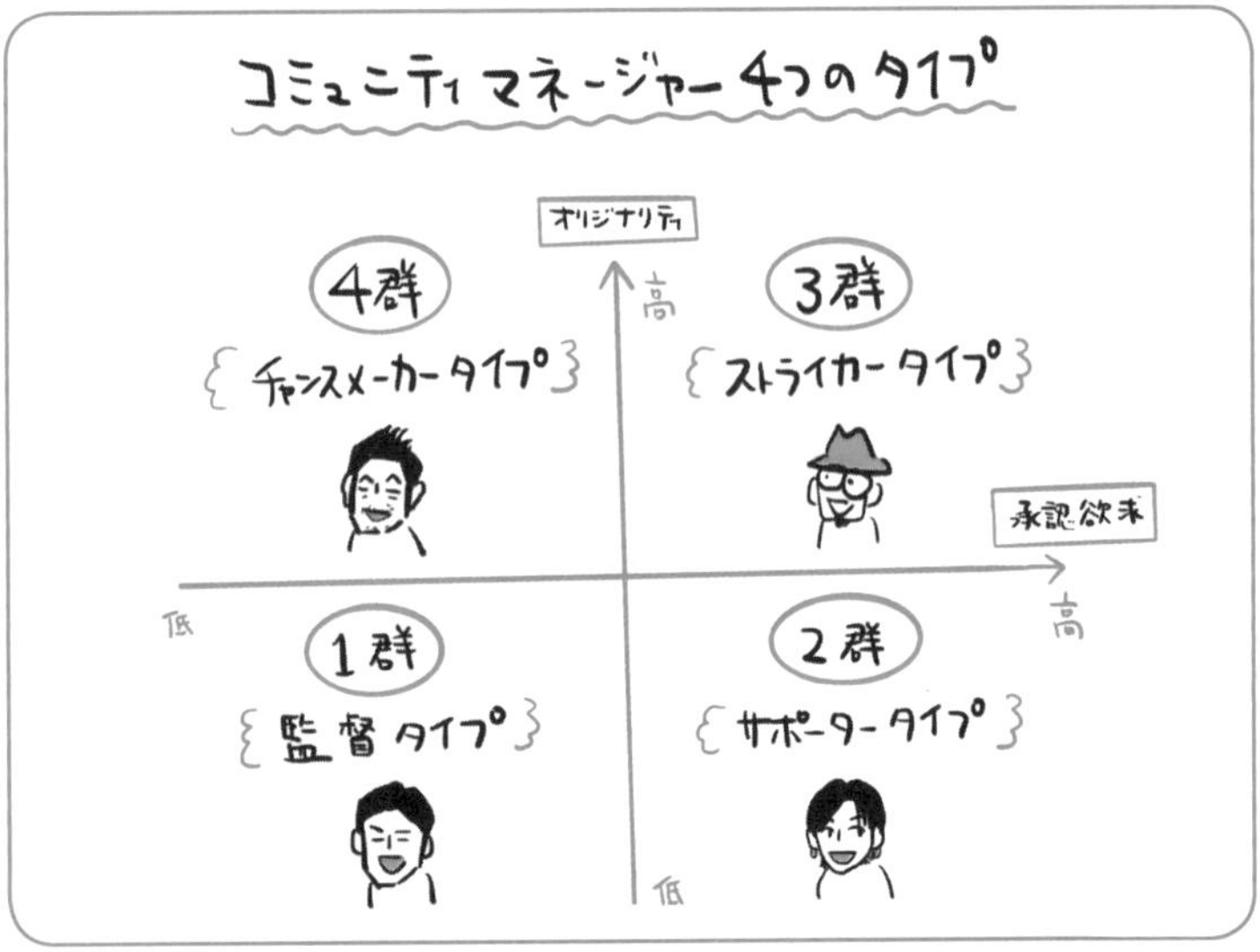

がいないときに、その役目を買って出る人が多いようです。

コミュニティのビジョンに共感すると、それを達成するために参加者を集め、意欲的に動き始めます。組織のマネジメント経験やチーム運営経験を応用して、コミュニティ運営で成果を出していくタイプでもあります。

コミュニティマネージャーとしてさらに成長するには、コミュニティ運営と組織マネジメントの両方を並行して経験するといいでしょう。

組織の目指す方向を把握し、具体的な目標を定めてマネジメント視点で施策に取り組みましょう。マネジメント職でない人は、組織のビジョンを自分事に落とし込み、コミュニティがどのように貢献できるかの視点を持つよう心がけます。自分と性格の異なる参加者と仕事をすることで、個性的な人材を統括する力が身につきます。

2群　サポータータイプ

コミュニティ参加者に伴走し、感謝されて存在を認められたいタイプ。チームのナンバー2として振る舞うのを好み、コミュニティ運営の裏方でいたいと考える。

参加者や関係者に感謝されたいという思いでコミュニティ運営に当たります。自分を表に出すよりも、コミュニティ参加者がスムーズに合意形成できるよう動きます。TPO（時と場所、場合）をわきまえて人間関係の摩擦を嫌うのも特徴です。

サポータータイプのコミュニティマネージャーは、基本的に黒子であることを望みますが、中にはナンバー2やフィクサーとして振る舞って、自分の関わるプロジェクトを大きな規模に成長させたいと思うタイプもいます。自分の尊敬する人にコミュニティ活動に共感してもらったり、前向きな意見をもらったりすると、モチベーションが上がります。

コミュニティマネージャーとしてさらに成長するには、マネージャーやエース人材と二人三脚で動くような経験を積みましょう。何を期待されているのか認識しながら縁の下の力持ちとして活躍できる場を探し、経験を積むと成長します。

◎3群　ストライカータイプ

自分の興味のある分野で仲間をつくり、新しいことに挑戦したい好奇心旺盛なタイプ。コミュニティ活動を通して社会に新たな価値を提供したいと考えている。

自分が興味のある分野で賛同者を集めることが得意で、仲間から承認されることが行動原理です。社会に新たな価値を提供したいという新規事業気質の人が多いのも特徴です。

このタイプは、「あなたにしかできない」と言われるとモチベーションが上がり、ほかの人が思い付かないアプローチを考えるようになります。自分の個性を生かしたコミュニティ運営が得意なので、まずは自分の長所を知ることから始めましょう。強みが発揮されると、周りが驚くような成果を出すことがあります。

コミュニティマネージャーとしてさらに成長するには、個性を生かし、自分の興味関心に基づいて行動することが大切です。寛容で褒め上手な上司の下でパフォーマンスが上がるので、自分に合う目上の人と上手に関係をつくりましょう。

「個性的な企画を考える」「ユニークなファシリテーションをする」など特殊なスキルを身につける傾向もあります。業界のインフルエンサーから高い評価を受けるとモチベーションが上がり、成果が上がります。

◎4群　チャンスメーカータイプ

自分にしかできないコミュニティ運営を実現して価値を提供したいと考えるタイプ。その人ならではのスタイルを研究・発明して好奇心を満たそうとする。

自分の好奇心を満たし、成長を実感するためにコミュニティ活動を担当します。コミュニティを実験の場と考え、新しい挑戦を重ねて自分の満足度を高めていきます。さりげない配慮でコミュニティを活性化し、自分の配慮については「分かる人に分かればいい」と考える傾向があります。

このタイプは、自分なりの研究テーマを持ってコミュニティ運営に向き合うと成果につながります。自分を成長させたい思いが強く、着実に成果を積み上げるタイプです。

コミュニティマネージャーとしてさらに成長するためには、一定の裁量を持って課題に取り組みましょう。もともと安定感があり、どんな状況でもパフォーマンスを発揮できるタイプが多いのですが、自分のやり方に対して、突然横やりが入ると不機嫌になることもあります。挑戦できるポジションやテーマに向き合うことがパフォーマンスの向上につながります。

7

新時代に必須の「コミュニティ思考」

本書では、コミュニティづくりに必要となるスキルやノウハウについて解説してきました。これらの根底を支える、コミュニティマネージャーが持つべき価値観が「コミュニティ思考」です。

終章では、先行きが不透明なこれからの時代に、コミュニティマネージャーだけでなく、あらゆるビジネスパーソンに必須となる「コミュニティ思考」について解説します。

危機で再認識したつながりの重要性

「生活を脅かす危機は、いつ、どんな形でやってくるか分からない」

新型コロナウイルスの感染拡大は、私たちに改めて不確実な世界に生きているという現実を突きつけました。

人類はこれまで困難に直面したときほど、他者とつながり、結束して危機を乗り切る知恵と叡智《えいち》をはぐくんできました。テクノロジーが進化した現代でも、その事実に変わりはありません。

例えば、2001年9月11日に起きたアメリカ同時多発テロの後、人々はより強く、他者とつながることを求めるようになりました。そうして生まれたのが、互いの悩みを持ち寄って話し合う「ミートアップ」という小規模の人々の集いです。

日本でも、2011年3月11日の東日本大震災で同じような現象が起こりました。

地震と津波がもたらした残酷な爪痕に、私たちは大きな衝撃と絶望を味わいました。

しかし、被災地を支援するため、SNSなどではすぐに自発的にコミュニティができ始めました。いくつものコミュニティが全国各地からたくさんの物資を送り、被災者を支えました。実際に被災地を訪れ、復興をサポートしたボランティア団体もたくさん現れました。コミュニティを通じて復興を応援しようという動きが全国的に広がり、加速していったのです。
その後、コミュニティは人々に新たな活躍の機会を提供する「サードプレイス（家庭、職場に続く第3の活動の場所）」として、さらにその役割を広げました。

2020年春、新型コロナウイルスの感染拡大を受けて、私たちは物理的に集まることが以前よりも難しくなりました。

しかし、オンライン上では次々とコミュニティが立ち上がり、過去の危機と同じように、多くの人々が力を合わせて困難に立ち向かおうとしているのです。

厳しい状況だからこそ、人は誰かとつながることで心を癒やし、そして課題に立ち向かう力を得ている――。それは、人間のDNAに刻まれた本能なのかもしれません。

都市化やネットの普及で希薄化したつながり

歴史を振り返ると、近代以降の急速な都市化によって、他人とのつながりは時代を重ねるにつれて希薄化してきました。この動きに拍車を掛けたのがインターネットの普及です。

情報!
SNS
即レス!!
通知
通知!!
即レス!
Solitude…
時代が進むほどに
増してゆく孤独感…
孤独な人と人を
結びつけるのが
「コミュニティ マネージャー」の
役割です。
WEAK TIE!!

２０１０年代以降に急速に広がったＳＮＳによって、ネット上では誰もが他者と簡単につながれるようになりました。

しかし一方で、相手の顔が見えないネットのコミュニケーションは、新たなストレスも生み出しました。それは「ＳＮＳ疲れ」「ネットいじめ」などの現象に象徴されています。

誰とでも簡単につながることができるようになったからこそ、私たちは時により深い孤独を覚えるようにもなりました。

「個」がどんどん孤立する中で、人はより強く誰かとつながり、支え合いたいと願うようになったのです。

だからこそ、人と人をつなぎ、一緒に課題を乗り越える「場」が必要になっているのです。

そして、その場をつくり運営するのがコミュニ

ティマネージャーという仕事にほかなりません。

普遍的なスキルとしてのコミュニティマネジメント

2020年春、物理的に人が集まれない状況に陥っても、コミュニティマネージャーはSNSなどを駆使して人と人をつなぐ場をつくるために、試行錯誤を重ねました。企業が主催するコミュニティでもNPOなどの非営利団体でも、それは変わりません。

人が他者とのつながりを求めてコミュニティに集まる動きは、今後さらに広がるでしょう。そう考えると、コミュニティを生み出し、人と人をつなぐコミュニティマネジメントのスキルは、普遍的なものとして多くのビジネスパーソンが備えるべき能力なのです。

ビジョンを掲げ、仲間を集めて動きだすことは、不確実性の高い現代において、誰にとっても必要なスキルです。

実際に多くの経営者、起業家、新規事業の担当者などが、コミュニティマネージャーと似た方法で、より良い社会を生み出すべく活動しています。

会社を変えること、新しい事業やサービスを生み出すこと、新しい文化をつくること。

これらはどれもコミュニティづくりと同じように、ビジョンを掲げて仲間を集め、活動の輪を広げながら試行錯誤を重ねて、成功にたどり着きます。

人を集め、活気のある場をつくること――。

コミュニティ活動とは、新しい時代の社会活動そのものなのです。

「コミュニティ思考」が新しい価値を生み出す

コミュニティマネージャーの持つ価値観、すなわちコミュニティ活動に必要な考え方を、私たちは「コミュニティ思考」と呼んでいます。

それは次の3つの要素で構成されています。

①ビジョンを行動基準にする　活動の目的を言葉にして、それを軸に行動すること。

②仲間と対等に接する　心理的安全性をベースに対等な人間関係を構築すること。

③仲間のために動く　仲間の目的のためにできることを考え、実行すること。

コミュニティマネージャーがビジョンをつくってコミュニティ活動を進めるように、日ごろの生活の中でもビジョンを持って、仲間と対等なコミュニケーションを重ねて、互いの目的達成のために力を貸し合う――。

コミュニティづくりの考え方である「コミュニティ思考」を個人の価値観にインストールできれば、私たちはより豊かな人生を歩むことができます。

そして実は、個人の生き方と同じくらい「コミュニティ思考」が必要なのが企業経営です。

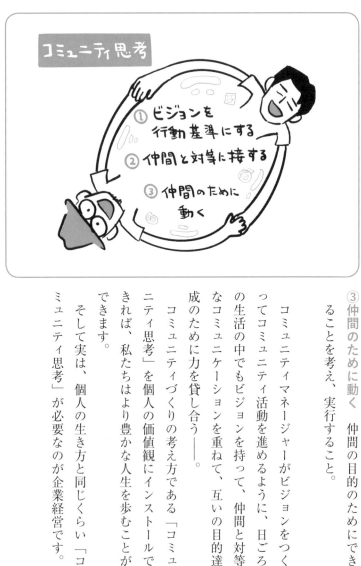

経営にこそ必須の「コミュニティ思考」

経営にこそ、「コミュニティ思考」が必要になる。


これが、私たちが本書で最後に伝えたいメッセージです。

ビジョンのない企業に、従業員や顧客は集まりません。

仲間を集められない企業は、事業を続けていくことができません。

対等な関係を構築できない企業に、自由な発想のイノベーションは起こせません。

企業活動や事業を応援して支えてくれる顧客がいなければ、企業は存続できません。

つまり、安定した企業経営や事業の成長・拡大を実現するには、「コミュニティ思考」が必須なのです。


未曽有の不況に突入しようとしている今だからこそ、多くの経営者やビジネスパーソンがこの事実を突きつけられているのではないでしょうか。

国内市場は成熟し、既存事業が頭打ちの企業は少なくありません。深刻な高齢化と少子化によって、長い目で見れば内需は確実に萎《しぼ》んでいきます。新たな事業を立ち上げたり、多様性のある組織をつくったり、今までにないイノベーションを起こしたりする必要性は、規模の大小を問わず、あらゆる企業に求められています。その第一歩が、ビジョンを軸にした「コミュニティ思考」を経営に取り入れることなのです。それがゆくゆくは環境変化に負けない強い組織をつくることにもなるのです。限られた時間と資金、人的資源の中で、ビジョンを掲げて、仲間を集め、対等な人間関係の中で生まれてくる自由な発想を生かしながら、新たなイノベーションを起こすこと。その本質的な手順は、コミュニティづくりとまったく同じものです。

企業の連携はどんどん増えていますが、具体例を一つ挙げましょう。

2020年4月、NTT西日本と朝日放送は共同出資し、新会社のNTTSportictを設立しました。スポーツ映像の配信に特化した新会社で、朝日放送の出資先であるイスラエルのAIカメラベンチャーの製品と、NTTグループのIT技術、朝日放送のスポーツ映像制作技術を組み合わせて新たな事業を生み出そうとしています。

通信大手と放送大手のタッグは、「新技術で社会と会社を楽しくしたい」という両社のビジョンが一致したことから誕生しました。日本の大企業2社が、イスラエルのベンチャーと手を組み、新規事業に乗り出すことは、決して簡単なことではありませんでした。しかし、関係者の思いが一致し、対等な関係を構築できたことでハードルを乗り越えられたのです。

まさにビジョンを掲げ、仲間を集め、対等な関係で目的を実現するという「コミュニティ思考」を実践しています。

他社と協業する場合も、多様な価値観の仲間を巻き込みながら、一体となってプロジェクトを推進する流れは変わらないのです。

「どこで働くか」より「誰と働くか」

ビジネスパーソンにとってはこの先、「誰（仲間）と働くか」という価値観もより重要視されるでしょう。

自由な働き方の障壁となっていた「場所」と「雇用制度」はこの数年で大きく変わり、ぐんと自由度が高まっていきます。

ウェブ会議ツールを使えば、どこにいても簡単に打ち合わせができます。リモートワークの拡大によって、物理的な「距離」はあまり意味を持たなくなっています。

終身雇用を見直す企業の増加とともに、副業などの柔軟な働き方も広がってきました。これからは、日本や世界のさまざまな拠点を飛び回りながら、複数の企業で働く人がさらに増えるでしょう。

これまで日本人が価値を見いだしてきた企業名やオフィスの立地、肩書きといった要素は、徐々にその重みを失うはずです。

それよりも大切になるのが自分の描いたビジョンを一緒に叶《かな》える仲間たちの存在です。

そして、志を共感する仲間たちとプロジェク

トを進めるための思考法が「コミュニティ思考」なのです。

「コミュニティ思考」を体現するコミュニティマネージャーは、職種としてはまだ新しく、手本となる存在も多くはありません。

それでもこの先は、コミュニティマネージャーのスキルや思考法が、新時代を生き抜く上で欠かせないスキルになると考えています。

だからこそ、より多くの人たちにコミュニティづくりに挑んでほしい。

試行錯誤をしながら、自分なりのコミュニティ思考を身につけてほしい。

一人ひとりが自分のビジョンを持ち、仲間と共に新たな価値を生み出し続けられる社会になってほしい。

そう、強く願っています。

おわりに

最後までお読みいただき、ありがとうございます。

本書は、「コミュニティをつくってほしい」と会社に突然言われて悩んでいるビジネスパーソンを対象に執筆しました。

読み終えて勇気づけられた人もいれば、もしかするとまだ十分には理解できなかった人もいるかもしれません。

ただ、本書を手にコミュニティ運営を続けていけば、きっと「そういうことか！」と得心できる瞬間が訪れるはずです。

コミュニティ運営に迷ったら、何度も読み返していただけるとうれしいです。

「おわりに」を担当する河原あずと申します。

コミュニティ・アクセラレーターという肩書で、企業のコミュニティづくりやイベントの企画、組織開発やチームビルディング、人材育成の研修を手掛けています。

私がイベントの仕事に携わり始めたのは、2008年春のことでした。

当時、ネット接続業者のニフティは東京のお台場で、イベントハウス型飲食店「東京カルチャーカルチャー」（以降カルカル）を運営していました（現在は東急グループ傘下にあるイッツ・コミュニケーションズが運営し、2016年12月に東京・渋谷へ移転）。その初期スタッフとして参画して以降、イベントだけでなく、さまざまな場づくりを手掛けるようになり、企業のコミュニティづくりにも多数関わるようになりました。

企画・プロデュースはもちろん、飲食や機材の手配、チケット販売や集客など、イベントに関わる一連のプロセスは、すべて現場で体験してきました。

数人のワークショップから数万人の大型カンファレンスのコンテンツづくりまで、手掛けたイベントの規模や種類もさまざまです。イベントに参加した人を集めたコミュニティを多数運営するなど、場づくりに関わる仕事にはほぼすべて関わってきました。

失敗もたくさん経験し、多くのノウハウを蓄積することができました。

その経験を元に、本書を執筆しました。

ここでは私がコミュニティに魅了された出来事について、短く紹介したいと思います。

人生の一瞬を持ち寄るイベント

先に触れた通り、私はカルカルで2008年から、裏方を含めると、年200本以上のイベントに関わってきました。

当時は、おもしろいイベントを開くことが自分の仕事だと思っていました。一方でコミュニティというものはNPOやボランティアの領域の活動であり、企業で働く私には関係のないことだと思っていたのです。

そんな価値観が大きく変わったのが、2011年3月11日でした。

地震と津波、続く余震や電力の供給不足、原子力発電所の事故。東北では津波の影響でたくさんの大切な命が失われ、悲しみと絶望が日本を覆いました。

被災地では人々が極限状態に耐えているのに、当時の私は何もできませんでした。無力感で、立ちすくんでしまったのです。

イベントなんて結局は、社会に必要とされていない仕事だったのではないか——。

そんな迷いと不安が吹っ切れたのは、同年3月29日、カルカルが営業を再開したときのことでした。

日本中が灰色に染まった中でも、会場に足を運んでくれた常連客のみなさんは、イベントの間ずっと、心から笑い、営業再開を喜んでくれました。

ステージの上も下も関係なく、会場にいた誰もが互いの存在を尊重しながら、一体感と高揚感に満ちた温かい時間を過ごしたのです。

「2時間半のイベントは単なる文化祭ではなく、主催者と登壇者、そして参加者がそれぞれの〝人生の一瞬〟を持ち寄って生み出す貴重なひと時なんだ」

人が集まる場には、人を癒やし、勇気を与えてくれる力がある。

イベントの持つ本当の役割に気づいた瞬間でした。

人と人をつなげ、助け合うコミュニティを

2011年秋、私は社内研修の一環で、アメリカ西海岸のシリコンバレーを訪れました。

ちょうどそのころ、アメリカでは小規模のコミュニティイベント「ミートアップ」がそ

こかしこで開催されていました。

そして「ミートアップ」という言葉を〝発明〟し、地域コミュニティの集まりを支援するプラットフォームを運営する Meetup 共同創業者のスコット・ハイファマン氏と面談する機会を得ることができたのです。

「あなたは同時多発テロという悲劇に直面して、ミートアップを生み出しました。では私は、東日本大震災を経験した日本で、何ができるのでしょうか」

そう聞くと、彼は次のように諭しました。

「あなたのイベントは、有名ミュージシャンのコンサートと一緒ですよね。ミートアップはイベントではなく、人々が対等につながって支え合う草の根型のコミュニティです」

「あなたがすべきなのは、人をつなぎ、人々の生活を良くすること。コミュニティをつくり、人々が助け合うべきだと宣言すること。あなたが助けたいと思う人々は、あなたの旗印に、希望や力、困難に立ち向かう勇気を与えられるはずです」

その後、私は2013年から3年間、新規事業開発の命を受けてサンフランシスコに赴任しました。そこで気が付いたのは、シリコンバレーで出会った多くの人が、自分の信念に従い、フラットな関係で互いに助け合い、事業で成果を挙げていることでした。

オープンで親切なシリコンバレーの空気の中、私は新天地で新しいコミュニティを次々とつくっていきました。本業の新規事業開発とは関係なく、現地に住む日本人やアメリカ人、日本から出張や留学で訪れた人たちをつなぐミートアップを多数企画しました。

すると、組織の壁を越えて、多くの人が私の活動を応援してくれるようになったのです。思わぬつながりが生まれ、本業の新規事業開発にも貢献し始めました。

ここでの気づきが、本書で掲げた「コミュニティ思考」の原形となりました。

日本に帰任すると、私は「コミュニティ・アクセラレーター」という肩書を名乗ることにしました。使命はコミュニティを通して企業や個人を支援すること。そう自分で決め、スコットさんのアドバイスを実践したのです。

「コミュニティをつくり、人と人をつないで事業を成長させましょう。ビジネスパーソンとして、企業と顧客の良質な関係づくりにコミュニティは必ず役立ちます」

そう発信すると、想像以上に多くの企業から相談を受けるようになりました。

みなさん、コミュニティの必要性を理解しながらも、顧客との関係づくりに頭を悩ませていたのです。

そこに私が貢献できる余地がありました。

今ではたくさんのご縁とサポートによって、伊藤園やサントリー、三井住友フィナンシャルグループ、東急、ライオン、シチズン時計、日本経済新聞社、長崎県、新潟県など、さまざまな企業や地方自治体のお手伝いをしています。

コミュニティづくりは、私のライフワークとなりました。

活動を続ける間に、世の中ではますますコミュニティの重要性が認識されるようになり、私の活動の幅もぐんぐん広がっていきました。

そして2020年春。

私は12年間関わったカルカルを卒業し、独立する決断をしました。「Potage」というプロジェクトを立ち上げ、コミュニティ・アクセラレーターとしての活動を軸に、コミュニティのパワーや魅力、そして活動の根底にある「コミュニティ思考」を今まで以上にたくさんの人に伝えていくつもりです。

私は、コミュニティ活動を通じて、いろいろな企業や個人に夢を叶《かな》えてほしいと考えています。その伴走をしながら、「コミュニティ思考」が当たり前の価値観として広がるよう、粘り強く活動を続けていきます。

これまで不格好に失敗を繰り返し、コミュニティ活動の知見を培ってきました。何とかやってこられたのは、いつも私を助けてくださったみなさんの寛容さがあってのことです。本書はそんな私が、みなさんと一緒につくり上げたものだと思っています。ありがとうございました。

私のコミュニティをめぐる冒険は、新たな一幕がスタートしたばかりです。これから始まる冒険が、ますます温かいハーモニーに満ちたものになりますように。

２０２０年初夏

河原あず

Special Thanks!!

スペシャルサンクス（五十音順／敬称略）

アフロマンス／市川裕康／植原正太郎／蛯谷 敏／小島英揮／角野賢一／加藤 翼／貴島邦彦／SHIBUYA QWSのみなさん／菅原弘暁／瀬津勇人／高田大雅／タムラカイ／テリー植田／東京カルチャーカルチャーチーム／中島明／野中絢子／Peatixチーム／廣瀬岳史／藤村能光／前田考歩／松井くにお／宮本昌尚／森田謙太郎／横山シンスケ／吉田 猛／若宮和男／脇 雅昭／両親や家族

アンケート協力（五十音順／敬称略）

あかつきんぐ／青木夏海／イセオサム／大底春菜／川西克典／堺 寛／柴田大樹／しゅん／高橋龍征／田中 圭／長田 涼／日吉紀之／古川剛也／三澤直哉／みたけさやか／ミッキーゆうじ／八木橋パチ

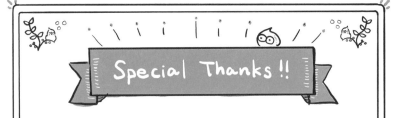

イベントを盛り上げる
神ワザ101

イベント前の準備

□ 001 • 会場選びは天井の高さに注意

天井の低い会場（会議室など）だと圧迫感を覚えやすい。
天井が高い会場の方が開放感が生まれ、
それだけでイベントの雰囲気が良くなる。

□ 002 • トイレチェック

会場からトイレまでの距離や動線、男女のトイレ数をチェック。
会場のキャパシティーに対してトイレが少ない場合は、
休憩時間を長めに設けよう。

□ 003 • Wi-Fiはあるか

イベントの様子をSNSで拡散したいならWi-Fiは必須。
参加者も利用できるなら、イベント当日はスライドなどで
Wi-FiのIDとパスワードを掲出しておこう。

□ 004 • 参加者の情報を共有して交流意欲アップ

許可を得た上で、イベント参加者の属性（企業、部署、役職など）を
事前に共有し、参加者の交流意欲を高めていく。

□ 005 • 参加者の情報を登壇者に知らせてトークを磨く

☐ **010 • あると便利、参加者の「簡単パンフレット」**

許可を得た上で、参加者の名前や顔写真をまとめた簡単なパンフレットを
用意する。これがあると、懇親会で交流が進む。
30人くらいまでの小規模イベントに最適だ。

☐ **011 • 少額でいいから有料イベントに**

イベントは少額でいいので有料にすると、当日の参加率が上がる。
チケット料金は500円でもいい。飲み物代などに充てるとクレームも出づらい。

☐ **012 • 「いよいよ明日です」リマインドを忘れずに**

イベント前日には、参加者に会場や開始時間、注意事項を伝達しよう。
「明日会えるのを楽しみにしています」というメッセージも添えてリマインドする。

☐ **013 • オンライン配信を予告**

イベントをオンライン配信するなら事前に予告しておこう。
前もって配信URLを伝えておけば、
当日はオンラインで質問が集まる可能性もある。

☐ **014 • 前日には登壇者のスライドを集約**

登壇者には、登壇を依頼するタイミングで、スライドのファイル形式や
プレゼン時間の目安を伝え、イベント前日には登壇者のスライド資料を受け取り、
1つのファイルにまとめておこう。

☐ **015 • 会場の案内スライドを準備**

トイレや喫煙所の場所、イベントの「#(ハッシュタグ)」、Wi-Fiなど、

許可を得た上で、イベント参加者の属性（企業、部署、役職など）を

登壇者にも事前に伝える。

イベントで話す内容をより参加者向けに寄せてもらうためだ。

□ 006 • おいしいケータリングを準備

懇親会で軽食を出す場合は、事前にケータリングを頼んでおく。

イベントのコンセプトや参加者の属性に合わせたメニューにすると、

料理を切り口に参加者の会話が弾む。

□ 007 • 事前に登壇者のネタ探し

進行役は登壇者の最近の動向について把握しておく。

過去のインタビューや最近のSNSの投稿に目を通しておけば、

イベント中にどんな話を引き出せるのか見当が付く。

□ 008 • 将来の登壇者候補を招待

集客の段階で、次にイベントで登壇してもらいたい人を無料で招待しておく。

イベント当日は、壇上から将来の登壇者候補に話を振って、

巻き込んでもいい。

□ 009 • “一芸参加者”を招待

グラフィックレコーディングが得意な人、ブログを書くのが好きな人、

撮影が得意な人など、イベントの情報発信にいい影響を与えてくれる

“一芸参加者”を招待しておく。

時々、得意なスキルを生かして、協力してくれることがある。

□ 020・受付で「名札シール」を渡す

受付でシールを配布し、参加者に
「名前、所属、気になること」を記入してもらう。
会場に入る前にこれを名札のように胸に貼ってもらうと、
懇親会などで会話のきっかけになる。

□ 021・飲料はイベント開始前から出そう

お酒や飲み物などの飲料は、イベントが始まる前から提供し始めて、
カジュアルな雰囲気を演出するといい。

□ 022・受付から会場までの案内スタッフを配置

受付から会場までの動線が分かりづらい場合、
要所に案内スタッフを配置し、参加者が迷わないように工夫しよう。

□ 023・整理券で入場前の混乱を回避

受付が込み合うような人気イベントの場合、受付を始めるまでは、
まず整理券を配ろう。
受付が始まったら整理券の番号順に10人ずつ会場へ案内しよう。

□ 024・受付脇に「チェキボード」を設置

受付では、参加者を一人ずつチェキ（インスタントカメラ）で撮影しよう。
写真に本人の名前を記入してもらい、
入り口脇のボードや大きな紙に写真を貼り付ける。
参加者の様子がひと目で分かるし、楽しさや賑わいも演出できる。

来場者から頻繁に聞かれる質問は1枚のスライドにまとめておく。

当日は会場正面に投影しよう。

□ 016 • カンペは事前に準備

「あと○分」「終了○分前」など、

登壇者に見せるカンペは事前に準備しておこう。

イベント当日はタイムキーパーが、

登壇者に見えるように適宜サインを出していく。

□ 017 • 事前リハーサルでおさらい

多くの登壇者が参加したり、凝った演出を仕掛けたりする場合、

運営スタッフは事前に会場でリハーサルを実施しよう。

流れをおさらいするだけで、確実に緊張が和らぐ。

□ 018 • 資料を投影してスライドチェック

登壇者が資料を投影する場合、会場に参加者を入れる前に、

スライドが投影できるか確認しておこう。

動画などを流す場合は、音量が適正かなども再生してチェックしよう。

□ 019 • 登壇者がイスに座るとどう見える?

ステージ上で、登壇者がイスやソファに座ると客席からどう見えるのか、

実際にスタッフが座って確認しよう。

ソファに座ると登壇者の頭が低くなって見えなくなることもあるし、

スカート丈が思いのほか上がってしまうこともある。

□ 030 ◦ 後方席には「関係者」の貼り紙を

後方席には「関係者」の貼り紙を付けておくと、
前方中央の席へ誘導しやすくなる。
全体的に席が埋まってきたら、貼り紙を取って開放するといい。

□ 031 ◦ 客席の様子を正面から撮影

イベントが始まる直前、記録用に客席全体を正面から撮影しておく。
万が一、トラブルが発生した場合には、参加者などを特定しやすくなる。

□ 032 ◦ 平日夜に増える「遅れます」アナウンス

平日夜のイベントだと開始時刻ぴったりに参加者が集まらないことも多く、
開始を5分～10分遅らせることも。
そんなときには「○分遅れでスタートします」とアナウンスする。

□ 033 ◦ 登壇者の雑談がステージを盛り上げる

控室では登壇者と進行役で雑談しよう。
事前にある程度コミュニケーションができていれば、
本番の緊張感が薄れて登壇者同士の会話が盛り上がる。

□ 034 ◦ 進行役は開始前から参加者と交流を

進行役は、イベントが始まる前から
参加者ともコミュニケーションを重ねておこう。
特徴のある参加者（極端に若い、遠方から来ているなど）が分かれば、
トークで話題にできる。

□ 025 • 受付でしっかり参加者をチェック

誰がイベントに参加したのかを、正確にチェック。
イベント当日の参加者をきちんと把握できれば、
イベント後のコミュニケーションに生かすことができる。

□ 026 • 「席取りご法度！」アナウンス

満席になるイベントの場合、
荷物を使って席を取る参加者が出ることもある。
席取りはNGだとアナウンスを入れよう。

□ 027 • 「#（ハッシュタグ）」で拡散力アップ

参加者にSNSでイベントの様子をつぶやいてもらう場合、
事前に「#」を決めて投稿歓迎と伝えよう。
イベントが撮影可の場合にはそれも事前に告知する。

□ 028 • 「トイレは混む前に」アナウンス

イベント開始後の休憩時間はトイレが混みやすくなる。
開始前のトイレがすいているうちに
済ませておこうとアナウンスすると親切だ。

□ 029 • ノベルティグッズで「前詰め」「中央詰め」

前方や中央の座席にノベルティグッズを置くなどして、
そこから埋まるようにエ夫しよう。
前方中央に参加者が集まれば、登壇者も話をしやすい雰囲気になる。

□ 040 • 先に協賛企業の紹介を

イベントに協賛企業がいる場合は、
最初に「○○社のご協力によってイベントを開くことができました」などと紹介。
客席の拍手を促すと、協賛企業の心象が良くなる。

□ 041 • "出囃子"で登壇者を迎える

イベント開始直前、BGMを一度落としてから
大音量で出囃子を流すと盛り上がる。
さらにオープニングムービーなどをイベントの冒頭で流すと、
参加者に高揚感を与えられる。

□ 042 • 動画は固定カメラ、写真はカメラ担当に

ビデオカメラがあるなら三脚を使ってステージ全体が見える位置にセット。
イベントを録画しておく。写真はスマートフォンで十分。
撮影担当者を事前に決めておこう。

□ 043 • 全員紹介スライド

30人くらいの小規模イベントなら、参加者全員のスライドを用意しておく。
会場に来た人が何をしている人なのか、1人1シートで紹介すると盛り上がる。

□ 044 • パブリックビューイングで会場の「外」も巻き込む

イベントはスタート当初からFacebookライブなどでオンライン配信する。
オンラインの参加者からも質問やコメントを集めれば、
盛り上がりを会場の「外」に広げることができる。

□ 035 • 謝礼はイベント前にお支払い

登壇者への謝礼を当日支払う場合は、イベントが始まる前に済ませておこう。
イベント終了後は懇親会などがあり、スタッフも登壇者も、
つい気が緩んで忘れやすい。

□ 036 • 始まる前の“勝手自己紹介”

規模の小さなイベントでは、開始前に参加者同士に
自己紹介し合ってもらうのもいい。
開始前に場が温まると、イベントの最中やその後の懇親会も盛り上がる。

□ 037 • イベント開始まではうるさくないBGMを

イベント開始前には参加者がリラックスできるよう、
邪魔にならないBGMを流しておくといい。無音だと盛り上がりに欠けてしまう。

□ 038 • ステージ上には大きな時計を置く

タイムキーピング用の時計をステージ上に用意。
登壇者はどうしても話が長くなる傾向がある。
時間を意識してもらうためには大きい時計を壇上から見える場所に置いておく。

イベント本番

□ 039 • まずは「前説」で盛り上げる

すぐにイベントを始めるのではなく、進行役がイベントの趣旨などについて説明。
前説で必要な連絡事項なども伝え、可能なら会場を少し盛り上げておく。

□ 050・登壇者の自己紹介は時間制限を

登壇者が複数いる場合、自己紹介だけでも時間を取られがち。

なるべく早くトークセッションに入るため、

登壇者の自己紹介には時間制限を設けておこう。

□ 051・バロメーターはうなずきの多い参加者

進行役は、参加者の中に盛り上がり度合いの

バロメーターとなる人物を定めよう。

うなずいて前向きに話を聞く参加者がベスト。

その人があくびをしたら話題を切り替えるサインだ。

□ 052・休憩時間は15分程度

セッションとセッションの間の休憩時間は10分〜15分と長めに設定すること。

その間に参加者の間で会話が生まれるからだ。

□ 053・登壇者が替わるときは音楽を流す

登壇者が替わるときは、ボリュームを上げて音楽を流すと

間延び感を防ぐことができる。

□ 054・盛り上げるならクイズを活用

トークイベントの場合、話の途中でクイズを挟むと盛り上がる。

参加者にとっては、アクティブに参加できるクイズのような仕掛けがあると、

飽きずに最後まで話を聞ける。

□ 055・長い動画にはトークを重ねる

□ 045 • イベント開始直後から質問を受け付ける

Slidoや Googleスプレッドシートなどを使って、
イベント開始と同時に参加者の質問を受け付けよう。
進行役や登壇者は、質問の内容を見ながらトークなどに反映できる。

□ 046 • 質問を促す「練習タイム」

オンラインで質問を受け付けると伝えても、最初はなかなか入力してくれない。
そんなときは「練習してみましょう!」と入力を体験してもらうと、
質問が増えていく。

□ 047 • 投影スライドのすべてに「#(ハッシュタグ)」

イベント会場で投影するスライド資料の全ページに
「#」を入れると、参加者はより気軽に、
「#」を付けてSNSに投稿するようになる。

□ 048 • 「今日のお客さんは?」という質問

進行役は、参加者の属性(所属、担当など)を聞いてみよう。
挙手してもらうのが最も分かりやすい。
参加者の属性が分かると話の内容を調整しやすくなる。

□ 049 • 登壇者の入場は"花道"で出迎える

登壇者は舞台袖から壇上に出るのではなく、
あえて会場中央の"花道"を通って登場してもらう。
拍手で迎えれば、参加者も登壇者も明るい空気でセッションを始められる。

□ 060・進行役は複数の相づちを使い分けよ

進行役は多様なパターンの相づちを用意しておく。

複数パターンの相づちを使い分けられると、トークにメリハリが生まれる。

□ 061・登壇者にはランダムに話を振る

進行役は毎回、登壇者が同じ順番で話さないように工夫しよう。

同じ順番ばかりだと、後で答える登壇者ほど回答に窮する上に、

参加者も単調に感じてしまう。

□ 062・笑いの「鉄板ネタ」を用意

進行役は、クスッと笑えるような「鉄板ネタ」を用意しておくこと。

会場の空気が冷めたり、まじめな話題が続いたりしたときに、

笑いを入れて空気を切り替えよう。

□ 063・参加者の中でも知識のない人に合わせる

専門的な内容のトークイベントの場合、付いていけない参加者が出ないよう、

「会場で最も知識のない人」に話題を合わせること。

専門用語が出たら登壇者に聞くなどの配慮を。

□ 064・登壇者に切り込む質問を

有名な登壇者には、ほかで語り尽くした質問だけでなく、

個人的な思いやしくじり話を聞こう。

そこでしか聞けない話を引き出せると、

参加者だけでなく登壇者の満足度も上がる。

映し出された動画を集中して見ていられるのは長くても2分〜3分まで。

それ以上長い動画を流すなら、音量を抑えて、

登壇者のトークを重ねて説明するなどの工夫が必要だ。

□ 056 • ほどよい明るさの照明で居眠り防止

スライドを投影するからといって会場の照明を落とすと、

居眠りする参加者が確実に増える。

防ぐには、スクリーンの視認性を意識しつつ会場の照明を下げすぎないこと。

□ 057 • 登壇者同士で質問し合おう

登壇者が複数いるパネルセッションでは、

登壇者が互いに質問をし合う流れをつくっていこう。

登壇者同士の会話が深まれば、話の内容が立体的になる。

□ 058 • 参加者にも質問を振る

進行役はイベントの最中、参加者にも「今日来た目的」などを聞いてみよう。

参加者を積極的に巻き込むことで、

登壇者との垣根が崩れて一体感のある雰囲気になる。

□ 059 • フリップがあると便利

スケッチブックと太マジックを用意。

オンラインイベントなら付箋とサインペンでもいい。

質問に対して、登壇者に紙に書いて回答してもらうと、

見た目の変化も生まれるので効果的だ。

2、3人で話すときは外から別の人が加わりやすいよう

「パックマン」の形でスペースを空ける。

うまく誰かが入ったら「ナイスパックマン！」と言って歓迎しよう。

□ 070 • 「10秒自己紹介」でぐるぐる回転

参加者には1人10秒で自己紹介をしてもらい、どんどん交流していく。

10秒だと名前と職業くらいしか話せないが、場は温まる。

アイスブレイクにちょうどいい。

□ 071 • 懇親会で役立つ「はがし屋」

登壇者が特定の参加者に長く捕まってしまうことがある。

そんなときは、折を見て登壇者に声をかけ、

特定の参加者から引きはがす担当「はがし屋」を決めておくといい。

□ 072 • 他己紹介「○○さんはこんな人です」

懇親会の参加人数が20人程度なら、参加者本人ではなく、

主催者や参加者を連れてきた人が、その人を説明する他己紹介を実施しよう。

参加者の魅力が引き出せる。

□ 073 • 1対1の名刺交換はやめる

登壇者と名刺交換をする場合、参加者が1人ずつではなく、

複数人同時に名刺交換するようアレンジする。

名刺交換の時間を短縮できれば、参加者同士の交流が促される。

□ 074 • 「ぼっち防止」担当がパトロール

□ 065 • トークは「腹八分目」で

登壇者が少し語り足りないと感じるくらいが、

トークイベントのボリュームとしてはちょうどいい。

たっぷり語ろうとすると間延びする傾向がある。

□ 066 • 会場に配布する質問用紙はイベント中盤に回収する

登壇者に対する質問を紙に書いてもらい、

イベントの途中で回収して後半に利用する。

休憩時間に回収すると、進行役が質問を事前に下読みできるので、

内容をコントロールしやすくなるというメリットもある。

□ 067 • 集合写真は「パー」のポーズで

イベントの最後には登壇者と参加者の全員で集合写真を撮影。

タグ付けしてSNSに投稿すると拡散されやすい。

手のひらを開いてポーズを取ると、楽しそうな雰囲気に見える。

□ 068 • 最後にアンケートタイムを

イベントの満足度を調べる場合は、

イベント終了3分前にアンケートの記入時間を用意すること。

強制的にアンケートに回答する時間を設けることで、回収率を上げる。

イベント後の懇親会

□ 069 • Come on! 「パックマンルール」

□ 079 • 会場で知り合った人とSNSでつながる

イベント終了後には、

会場で知り合った参加者とSNSでつながるように努力しよう。

次回以降のイベントの、有望な見込み参加者になるからだ。

□ 080 • イベント内容はYouTubeライブにアップロード

たとえイベント内容を公に配信しない場合でも、

「YouTubeライブ」を使って非公開に動画をアップロードしておくといい。

記録にもなるし、知人だけにURLを伝えることもできる。

イベント終了後、登壇者に動画のリンクを送ると喜ばれる。

オンラインイベント

□ 081 • リアルイベントよりも寛大な心で

オンラインイベントでは、コメント機能などで

視聴者のフィードバックがダイレクトに確認できる。

中には不満やクレームも含まれるが、

寛大な心で受け止めよう。

□ 082 • 複数の進行役が必要

オンラインイベントでは、複数の進行役や裏方を用意しておいた方がいい。

視聴者のコメントを拾う専門の担当者がいれば、

全体の進行に余裕が生まれる。

懇親会では、どうしても壁際で一人ぼっちになっている人が出てしまう。

会場を回りながら参加者に話しかける担当を決めておき、

壁際に突っ立っている人が出ないよう配慮する。

□ 075 • 終わりが見えたら「蛍の光」

イベント終了時には会場に「蛍の光」を流すと、自然と参加者の退場を促せる。

□ 076 • アンケート回収係を出口に配置

イベント満足度などのアンケートに回答してもらうには、

専用の担当者を出口に配置。

帰り際に、ここでアンケートを回収するといい。

イベント終了後

□ 077 • レポートを参加者に配信しよう

イベントの内容をブログ記事などにして後日、配信しよう。

記事にすれば、登壇者や参加者がSNSで拡散してくれる可能性があり、

次回以降の新たな参加者の獲得につながる。

□ 078 • SNSグループに集合写真を投稿

イベント参加者のFacebookグループに

当日の集合写真などを投稿しよう。

「写真を掲載しました」と告知しながら、

参加者をSNSグループに誘導できるメリットもある。

オンラインイベントでは、音声の環境が重要になる。

パソコンのマイクではなく、ヘッドホンなどのマイクを準備しよう。

□ 089 • タイムラグを把握しよう

実際に話しているのと動画の配信に、

どのくらいのタイムラグがあるか確認しておこう。

リアルイベントと異なり、多少のタイムラグが発生する。

□ 090 • 場所は自由！　海外からの登壇も

オンラインイベントは、登壇者や参加者の場所を問わない。

国境も越えられると意識し、

リアルイベントでは登壇してもらうのが難しい海外の

スピーカーにも出演を依頼してみよう。

□ 091 • 登壇者や登場するモノの説明は丁寧に

登壇者の飲み物やバーチャル画像、配信環境など、

細かい部分をしっかりと説明することで、

より参加者をイベントに巻き込める。

□ 092 • ブレイクアウトルームなどの機能を有効活用

配信サービスによっては、いろいろな機能が利用できる。

Zoomには参加者を細かいグループに分ける

「ブレイクアウトルーム」や「投票」「画面・音声共有」などの機能がある。

□ 093 • 出演者のライティングを工夫する

☐ **083 • ギリギリまで集客を**

オンラインイベントでは開始直前や終了間際まで参加者を受け付けられる。

Peatixを使えば、配信URLも参加者に自動で通知できる。

☐ **084 • カメラのオンオフで登場を劇的に**

オンラインイベントでは出演者の呼び込みに

カメラのオンオフ機能を利用するといい。

登場前はオフにし、呼び込みと同時にカメラをオンにすると、

登場がドラマチックになる。

☐ **085 • ワークショップは全員でまず練習**

Miroなどのツールを活用してワークショップを実施する場合、

イベント冒頭に簡単なテーマでツールの練習時間を設けること。

参加者がツールに慣れ、離脱者を防げる。

☐ **086 • 参加者の音声は原則ミュート**

参加者には基本的に音声をミュート（消音）してもらうこと。

話すときに、主催者側でミュートを解除するようにしよう。

☐ **087 • ミュートが解除できない参加者もいる**

参加者には諸事情でミュートを解除できない人もいる。

「全員でミュートを解除して意見を言おう」などという仕掛けも、

実践できない人がいることを踏まえておこう。

☐ **088 • 出演者はマイクを用意する**

□ 098 • 休憩時間を頻繁に取ろう

オンラインイベントでは参加者の集中力がなかなか続かず、
見続けていると目も疲れる。長時間のイベントでは、
休憩時間を多めに取るといい。

□ 099 • 懇親会は一定時間ごとに抜けるタイミングを

オンラインイベントの懇親会では、
30分から1時間ごとに「用事のある人はここで抜けてください」
と声をかけること。
抜けるタイミングを用意することで参加しやすくなる。

□ 100 • 名前の欄にはニックネームを

ウェブ会議ツールでは表示名を自由に設定できる。
参加者にニックネームを入力してもらっておくと交流のきっかけになり、
懇親会などでも盛り上がりやすくなる。

□ 101 • 画面キャプチャーで集合写真を

Zoomなどのウェブ会議サービスなら、
参加者のスナップショットが撮れる。
イベント後に全員の集合写真を撮り、
SNSでシェアするとコミュニティへの帰属意識が高まる。

出演者の環境によっては顔が暗くなることも。

明るい場所に移動してもらうか、専用のLEDライトなどを利用し、

顔がはっきり見えるようにしてもらおう。

□ 094 • 参加者と体験を共有しよう

参加者がみんなで同じ色の服を着たり、

同じアイテムを持ったりするなど、共通のテーマを事前にシェアし、

それに沿った準備を参加者にしてもらうと熱気のあるイベントになる。

□ 095 • 背景画像に工夫を凝らそう

動画の配信サービスによってはバーチャル背景を設定できる。

登壇者のお気に入りの背景にすると、個性が出る。

参加者全員で同じ背景にして一体感を演出するのも手だ。

□ 096 • 参加者の集中度を測る担当者を配置

参加者の表情やチャット、SNSのコメントを見ながら、

参加者の集中度合いを測る担当者がいると便利。

集中力が落ちてきたら話題を切り替えたり、

コメントを拾ったりしよう。

□ 097 • 原則は「1人1画面」

1台のパソコンから複数人でイベントに参加することもできるが、

基本は画面上のイベントに集中できるよう、

出演者も参加者も「1人1画面」を原則にしよう。

『コミュニティデザインの時代』

▶ **山崎 亮**（中公新書、2012）

コミュニティデザインを提唱する山崎亮氏が、

現代社会にコミュニティが必要な理由を丁寧に語っている。

地域コミュニティづくりの考え方をビジネスに応用したい人にオススメ。

『最高の集い方』

▶ **プリヤ・パーカー**（プレジデント社、2019）

より精度高く人を集めて熱狂を生む場所をつくるにはどうしたらいいか。

場づくりの基本的な考え方が実例と共に詰まっている。

『組織にいながら、自由に働く。』

▶ **仲山進也**（日本能率協会マネジメントセンター、2018）

楽天市場の出店者コミュニティをつくり上げた

楽天大学長の仲山進也氏が、

未来の働き方の姿を提示した著書。

パラレルワークやコミュニティづくりに通じる部分が多くある。

『たった1分で仕事も人生も変える 自己紹介2.0』

▶ **横石崇**（KADOKAWA、2019）

コミュニティづくりの第一歩は自己紹介から。

自分のコアバリューとビジョンを言語化できると仲間の共感を生みやすくなる。

その方法が分かりやすくまとまっている。

コミュニティマネージャーに
オススメの本（五十音順）

『EQトレーニング』

▶ **髙山 直**（日本経済新聞出版社、2020）

コミュニティマネージャーに必要な、

感情を扱うスキルであるEQについて、

概要から開発の仕方まで書かれている。

自分の感情スキルを確認することも可能。

『1分で話せ』

▶ **伊藤羊一**（SBクリエイティブ、2018）

自分の考えを論理的に伝える方法を

分かりやすく解説している一冊。

プレゼンテーションはもちろん、

イベントの進行や仲間を巻き込む際にも非常に役立つ。

『WE ARE LONELY, BUT NOT ALONE.』

▶ **佐渡島庸平**（幻冬舎、2018）

コルクラボでクリエーターとコミュニティの

関係づくりに挑戦する佐渡島庸平氏による、

コミュニティと表現についての金言が詰まっている。

『ファンベース』

▶ **佐藤尚之**（筑摩書房、2018）

ファンコミュニティの考え方から
つくり方までを丁寧に説明。
ビジネスコミュニティの担当者やマーケターにオススメの一冊。

『マイクロソフト伝説マネジャーの世界No.1プレゼン術』

▶ **澤 円**（ダイヤモンド社、2017）

伝えるプロである澤円氏が「どう伝えるか」「いかにひきつけるか」
「いかに話を引き出すか」など
プレゼンに重要なポイントを6つの法則にまとめた一冊。

『誰も教えてくれないイベントの教科書』

▶ **テリー植田**（本の雑誌社、2019）

東京カルチャーカルチャーのイベントプロデューサーであるテリー植田氏が、

イベント企画から実行までのノウハウがまとめられた一冊。

一歩進んだイベントをつくりたい人に向く。

『ティール組織』

▶ **フレデリック・ラルー**（英治出版、2018）

コミュニティ思考における組織づくりはティール組織の概念と重なる。

コミュニティ思考を、チームの開発や組織マネジメントに応用したい人にオススメ。

『ハウ・トゥ アート・シンキング』

▶ **若宮和男**（実業之日本社、2019）

コアバリューを提唱する起業家であるuni'que代表の若宮和男氏が

「アート思考」の考え方をまとめた一冊。

アートの概念を分かりやすい言葉で解説し、

個性を大事にする考え方の基礎を教えてくれる。

『ビジネスも人生もグロースさせる コミュニティマーケティング』

▶ **小島英揮**（日本実業出版社、2019）

AWS（アマゾン・ウェブ・サービス）のユーザーコミュニティ「AWS-UG」を

立ち上げたパラレルマーケターの小島英揮氏による一冊。

著者の実体験を元に、ビジネスコミュニティを成功させる秘訣が書かれている。

コミュニティマネージャーのスキルを養う学校

「コミュニティの教室」（グリーンズ）

▶ **https://school.greenz.jp/class/communityclass/**

捉えどころのないコミュニティという存在を運営するために、

コミュニティで活躍する実践者と共に学び、本質を探究する。

コミュニティに関わる人のための学校。

「BUFFコミュニティマネージャーの学校」（qutori）

▶ **https://buff-community.jp/**

本格的なコミュニティマネージャー育成のための認定プログラムを提供する。

さまざまな分野のコミュニティから社会をおもしろくする人材を

輩出することを目的に設立した。Peatixもパートナーを務める。

読了御礼

河原あず かわはら・あず

Potage コミュニティ・アクセラレーター。富士通を経て、2008年からニフティが運営する(当時)イベントハウス型飲食店「東京カルチャーカルチャー」イベントコーディネーター就任。年間200本以上のイベント運営に携わる。2013〜2016年、サンフランシスコに駐在。帰国後、伊藤園、コクヨ、オムロンヘルスケア、サントリー、東急などと数多くのビジネスコミュニティをプロデュース。2020年春に独立し、ギルド制のチーム「Potage」を立ち上げ、コミュニティ・アクセラレーターとしてイベント企画、企業のコミュニケーションデザインなどを手掛ける。

藤田祐司 ふじた・ゆうじ

Peatix Japan株式会社共同創業者 取締役・CMO(最高マーケティング責任者)。慶應義塾大学卒業後、インテリジェンス(現パーソルキャリア)で営業を担当後、2003年アマゾンジャパン(現アマゾンジャパン合同会社)に入社。最年少マネージャー(当時)としてマーケットプレイス事業の営業統括を経て、Peatixの前身となるOrinocoを創業。国内コミュニティマネージャーチームを統括した後、営業、マーケティング統括を兼務。2019年CMOに就任し、グローバルを含めたPeatix全体のコミュニティマネジメント、ビジネスデベロップメント、マーケティングを統括する。

ファンをはぐくみ事業を成長させる
「コミュニティ」づくりの教科書

2020年6月17日　第1刷発行
2024年5月30日　第5刷発行

著　者　河原あず、藤田祐司

発行所　ダイヤモンド社
〒150-8409 東京都渋谷区神宮前6-12-17
https://www.diamond.co.jp/
電話 03-5778-7233(編集) 03-5778-7240(販売)

ブックデザイン　寄藤文平+古屋郁美(文平銀座)
DTP　河野真次(SCARECROW)
校正　聚珍社
製作進行　ダイヤモンド・グラフィック社
印刷　新藤慶昌堂
製本　ブックアート
編集協力　蛯谷 敏
編集担当　日野なおみ

 ISBN 978-4-478-11054-6 Printed in Japan